마음의

문법

마음의 문법
—마음의 증상과 정상성에 대하여

이승욱 지음

2021년 10월 18일 초판 1쇄 발행

펴낸이 한철희 | 펴낸곳 돌베개 | 등록 1979년 8월 25일 제406-2003-000018호
주소 (10881) 경기도 파주시 회동길 77-20 (문발동)
전화 (031) 955-5020 | 팩스 (031) 955-5050
홈페이지 www.dolbegae.co.kr | 전자우편 book@dolbegae.co.kr
블로그 blog.naver.com/imdol79 | 트위터 @dolbegae79 | 페이스북 /dolbegae

편집 김진구
표지디자인 민진기 | 본문디자인 민진기·이연경
마케팅 심찬식·고운성·한광재 | 제작·관리 윤국중·이수민·한누리 | 인쇄·제본 한영문화사

ISBN 979-11-91438-37-6 (03180)

마 음 의   문 법

마음의 증상과 정상성에 대하여

이승욱 지음 ─

돌베
개

삶을 선택하는 마음에 대하여

자신自身을 사랑해야 한다는 말들을 많이 한다. 하지만 인간의 문제는 자신을 지나치게 사랑해서 발생할 때가 많다. 자기중심주의는 종종 자신도 갉아먹는다.

자신이 원하는 일을 해야 한다고도 한다. 그러나 어떤 일을 하고 싶다는 생각이 들다가도 진정으로 그걸 하고 싶은지 자문하면 자신自信이 없을 때가 대부분이다.

자신을 믿으라는 말은 참 형편없는 말이다. 이렇게 전전긍긍하고 긴장하며 살아가는 나를 어떻게 믿으라는 말인가? 내게 어떤 능력이나 힘이 있는지 알지도 못하는데 무턱대고 자신을 믿으라니, 이렇게 지질한 나를 믿으라니, 도무지 그런 말을 믿을 수 없다. 나 자신을 믿을 수 없다고 평가하는 내가 버티고 있는 한, 온전히 나를 믿기란 어렵다.

나이가 들수록, 나에 대해 아는 것이 별로 없다고 자각하게 될 때면 당황스럽다. 매일 마음을 쓰고 관계를 맺지만, 그 마음이 작동 오류를 일으키거나 관계가 '안읽씹'으로 전환되면 속수무책으로 난망해한다. 마음은 그저 익숙한 방식으로 자동으로 작동될 뿐, 그 구성과 기제를 알기는 참 어렵다. 우리 마음은 우리가 쓰는 언어와 흡사하다. 매일 쓰는 모국어를 문법으로 분석해서 설명하기 어렵듯, 마음도 그 원리와 작용을 정확하게 설명해내지 못한다. 나 자신의 마음이라 할지라도 말이다.

'마음'과 '언어'는 우리의 정신작용에서 아주 근접한 영역이다. 언어라는 그릇이 없어 담길 곳을 찾지 못하면 마음은 오리무중이 된다. 언어는 마음의 상징이면서, 한편 언어의 가장 궁극적인 가치는 마음이 가장하고 싶은 말이 무엇인지 알아내게 하는 데 있다. 그렇게 발견된 말은 음성으로 발화되지 않아도 된다. 자기 스스로를 완전히 납득하고 나면 굳이 타인의 이해를 필요로 하지 않기 때문이다. 내가 나를 아주 충분히 이해하고 수용하게 되었다는 것은 자기 언어를 갖게 되었다는 뜻이기도 하다.

정신분석이 무엇이냐는 질문을 종종 받는다. 정신분석 작업의 궁극적 지향은 내담자로 하여금 자기 언어를 갖게 하는 것이다. 그래서 정신분석은 인간 삶에 관한 언어학이기도

하다. 물론 정선된 예술의 영역이기도 하다. 과학과 예술이 그러하듯, 마음에도 원리가 있는 것 같다.

우리 삶을 설명하는 언설은 수도 없이 다양하다. 하지만 우리는 설명되어야 할 대상이기에 앞서 이해되고 수용되어야 할 존재다. 그 누구보다 우선 나 자신에게 말이다. 이를 가능하게 하는 마음의 문법을 연구하는 게 정신분석이다. 언어를 갖는다는 것은, 시인처럼, 자기 삶을 정확하게 표현해낼 수 있다는 뜻이다. 그것은 삶의 근본에 대한 이해에 기초한다.

많은 사람들이, 특히 중년에 접어든 이들이 미래와 과거 사이에 갇힌 현재를 고통스러워한다. 실존주의자들은 미래가 어두우면 과거도 밝지 못하다고 말한다. 희망이라는 빛은 미래의 영역에도, 어두운 과거에도 동시에 비추기 때문이다. 정신분석학자들은 과거로부터 추동력을 얻지 못하면 삶은 미래를 향해 나아가지 못한다고 주장한다. 과거가 발목을 붙잡는 한, 내일도 무겁게 끌고 가야 한다. 이 두 주장을 융합하면, 나의 현재는 미래와 과거가 합작해 만들어낸 증상이라고 할 수 있다.

이 고립을 어떻게 돌파해나갈 것인가? 우리가 기댈 곳은 명사의 고난 극복 간증이나 자기계발서 미래예측서가 아니라, 그저 우리의 '정상성'뿐이다. 지금껏 내가 만난 사람들 가운데 삶을 새롭게 개척하고 새로운 지경으로 올려놓았던 사람들은 여지없이 자기의 정상성에 기대었을 뿐 달리 애를 쓰지 않았다.

그렇다면 정상성이란 무엇인가? 자신의 약함을 인지하고 수용하는 힘이다.

정상성이란, 힘과 권력에 대한 갈망이 나약함에서 비롯되었다는 것을 인정하는 용기다.

정상성이란, 자신을 약자화함으로써 타인을 착취하는 수많은 경우를 거울삼는다면, '약'한 척하는 사람이 '악'해진다는 것을 아는 지혜다.

정상성이란, 삶의 변화를 위해 마음의 걸음을 딱 한 발짝 떼는 데 목숨을 걸 줄 아는 것이다.*

다시 정상성이란 무엇인가? 순결함에 대한 '소년'의 애정이다. 순결함이란 결코 더러워지지 않고 끝없이 흘러 세상의 오염으로부터 자신을 지키고자 하는 열망이기 때문이다.

우리를 위험에 빠뜨리는 것은 자기에 대한 무지이며, 우리를 지키는 것은 자신의 정상성이다. 배제와 차별과 혐오와 회피라는 '죽음'의 이름에 반하여, '삶'을 선택하는 것이 정상

* 백기완 선생님의 어록에서 인용.

8

성이다. 사실 무지는 모름이 아니라 모름에 대한 열망이다. 우리가 모르고 싶어 하는 것이 자기 자신이라면, 무엇이 비정상성인지는 자명해진다. 욕망의 총합인 세상과는 결코 협력할 수 없을 것이다. 오직 자기와, 자신의 정상성과 먼저 연대하기를 제안한다.

자기 삶에 대해 가장 잘 아는 사람은, 스스로에 대해 모르는 것이 무엇인지 아는 사람이다. 내가 모르는 게 무엇인지 알 때까지 삶에 관심을 가지면 좋겠다. 이 책은 그에 대한 하나의 방법론이며, 작은 예시들이다.

차례

1

내가 돌보아야 할 것들

무기력은
정당하다

강의가 시작되기도 전에 3분의 1은 한 팔을 깔고 엎드렸다. 3분의 1 정도는 스마트폰을, 또는 옆에 앉은 남자/여자 친구를 만지작거렸다. 그나마 강단 쪽을 바라보는 나머지 학생들도 강의에 크게 관심이 없기는 마찬가지였다. 내가 한 말들은 자음과 모음이 파쇄되어 허공으로 산개하는 느낌이었다. 그것들은 시간이 갈수록 강의실 빈 공간에 의미 없이 수북이 쌓여갔다. 야심 차게 준비한 하이데거와 실존, 정신분석 강의는 청중의 무기력에 의해 무기력해졌다. 경희대 후마니타스칼리지에서의 강의 경험이다. 나름 강의 좀 한다고 자부했던 나는 무기력해진 채로 돌아왔다. 상처라면 상처였다.

저 200명 넘는 젊은이들이 내게 말하려 했던 것은, 달리 의심할 것도 없이 '우리는 아무것도 하기 싫다'라는 무기력의 함성이었다. 똑똑한 젊은이들이 아무것도 하지 않음으로써 전달하는 메시지는 나를 당황스럽고 불안하게 했다. 더할 나위 없이 수동적인 자세로 이다지도 공격적인 집단 행위를 할 수 있다는 걸 경험해본 적이 없었기 때문이다. 그날 이후 나는 무기력에 대해 관심을 기울였다. 이 증상을 이해하고 싶었다.

관심을 가지고 주변을 돌아보니, 무기력의 세상이었다. 많은 이들이 지속적으로 또는 간헐적으로 무기력을 경험했거나 하고 있었다. 그들의 이야기를 들을수록 무기력이 시작된 지점들이 밝혀졌다. 기력이 없다는 것은 필수적으로 쓰는 에너지가 어떤 이유로 다시 보충되지 않았다는 뜻이다. 쓰기만 하고 정당하게 돌려받지 못하는 상황이라면 착취를 의심해야 한다. 맞았다. 우리가 경험하는 무기력의 원인은 대부분 '착취'에 있다는 가설을 뒷받침하는 증거는 충분했다. 자본가의 착취는 물론 국가와 제도, 심지어 관계나 가족에 이르기까지 착취는 곳곳에 만연하여 은밀하게 우리를 빨아먹고 있다.

2년이 지나, 또 한 번 후마니타스칼리지에서 강의 요청이 왔다. 이번에는 심지어 무료 강연을 해달란다. 그래도 갔다. 학교 전체가 축제로 들떠 있었다. 상황은 더 나빠졌다. 하지만 이번에는 나도, 정면 돌파하리라, 칼을 갈았다. 내가 선택한 강의의 주제는 '무기력'이었다. 학생들은 예상을 벗어나지 않고 2년 전과 똑같은 포즈로 강의실에 널브러지기 시작했다. 그런데 시간이 지날수록 흘끔흘끔 곁눈질로 강단 쪽을 쳐다보더니, 강의 중반을 넘기면서 대부분이 똑바로 앉아 강의를 들었다. 그들의 무기력을 이야기하자 비로소 교감하게 된 것이다.

부모는 자녀를 착취한다. 아이는 생명을 걸고 공부하지만 부모는 조금도 만족하지 않는다. 더!더!더!를 외치며 아이의 노력을 착취해서 자신의 행복을 채우려 한다. 기업은 실적과 성과라는 이름으로 직원의 피땀을 마지막 한 방울까지 쥐어짜고, 제도는 정규직과 비정규직으로 편 갈라 서로를 착취하게 하면서 또 싸움을 부추긴다. 남녀는 외모와 능력의 유무로 서로를 착취하면서도 혐오한다. 국가는 이 모든 것을 방조하고 조장하며 나아가 국민의 양심을, 정의를, 미래를, 심지어 생명까지 착취한다.

학생들에게 말했다. 지난 12년간 여러분은 부모의 욕망을 위해, 학교의 실적을 위해, 교육제도의 실험 대상으로 자신의 에너지를 써왔다, 많은 에너지를 타인을 위해 사용했을 뿐 제대로 돌려받지도 못했다, 그래서 우울하고 까닭 모를 분노를 느끼고 있을 것 같다, 하지만 무기력은 자신을 보호하기 위한 생존 본능의 발로다, 그러니 여러분의 무기력에 대해 죄책감을 갖지 않아도 된다.

무기력의 깊이가 깊을수록 착취의 역사도 길었다는 뜻이다. 그러니 무기력해지지 않을 때까지 무기력해도 된다. 자기계발서를 읽고 힘을 얻으려 하지도 말고, 명사의 강연을 듣고 심기일전하려 하지도 말고, 여행을 해서 충전하려 하지도 말고 자신의 무기력을 수용해야 한다. 무기력이라는 증상은 사실 살고 싶다는, 그것도 건강하게 살고 싶다는, 착취로부터 나 자신을 보호하고 싶다는 지극히 정상적인 적극적 자기 보전의 행위다.

젊은이들은 그 말을 듣고 서서히 일어났다. 오래 착취당하고도 무기력하지 않다면 그것이 비정상이다. 증상은 종종 정상의 반증이다.

정상적 불안과
신경증적 불안

현세를 '불안의 시대'라고 칭하는 말을 종종 듣는다. 나는 동의할 수 없다. 인류가 발생한 이후로 불안의 시대가 아닌 적이 있었을까. 전쟁이라는 간헐적 재앙과 경쟁이라는 일상적 투쟁은 인간의 삶에서 생산과 파괴가 반복, 연속되는 쳇바퀴 속에 기본적으로 배치되어 있다.

만약 삶에서 불안을 소거할 수 있다면 좋을까? 불안이라는 심리적 감각이 완전히 사라지면 정말 좋기만 할까?

실존주의 심리학의 관점에서 불안은 두 종류로 나뉜다. 정상적 불안과 신경증적 불안.

정상적 불안의 첫 번째 특징은 현재 느끼고 있는 불안과 그 상황이 부합한다는 것이다. 어린아이를 데리고 길을 건널 때 쌩쌩 달리는 차를 보면 불안을 느껴야 한다. 부모는 아이를 보호하기 위해 민감하게 반응하고 안전을 확보해야 한다.

그러나 스마트폰을 들여다보느라 아직 서너 살도 채 안 된 아이의 손을 잡지 않고 길을 건너거나 대중교통을 이용하는 부모를 종종 본다. 작동해야 할 정상적 불안이 비정상 상태에 머물러 있는 것이다. 이렇게 정상적 불안은 상황과 부합하여 작동해야 한다.

정상적 불안의 두 번째 특징은 억압되지 않는다는 것이다. 예를 들어 죽음은 우리 모두가 직면해야 하는 최종적 사건인데, 존재 소멸에 대한 불안을 애써 잊으려 권력에 집착하거나 생명 연장에 안달하는 이들이 있다. 집착적으로 죽음을 잊고 싶기 때문이다. 죽음이 우리 삶의 최종 사건이라는 사실을 받아들이면 삶의 유한성과 화해하게 되고, 불안은 유한한 삶을 더 가치 있게 만드는 데 기여한다. 니체의 말처럼 "죽음의 관념이 수많은 생명을 살린다." 간단히 말해, 죽을 뻔한 사고나 심각한 질병을 경험한 사람들은 삶이 얼마나 소중한지 절감한다. 죽음을 감각했을 때, 직면했을 때 오히려 삶에 대한 의지는 더 생동감을 가진다. 그러므로 인간의 가장 궁극적 불안인 죽음에 대한 정상적 대응은 죽음을 염두에 두는 삶이다. 하지만 죽음으로부터 멀어지고 죽음에 대한 관념을 억압할수록 삶은 더 불안해지는 아이러니에 구속된다.

정상적 불안의 세 번째 특징은 창조성이다. 뛰어난 예술가들에게는 종종 강박의 형태로 드러나는, 완전하지 않음에 대한 불안이 있다. 불완전함에 대한 불안과 강박은 한계를 돌파하고 새로운 지경으로 들어가게 한다.

정상적 불안은 자신뿐 아니라 주변 사람들을 지키고 가치 있게 만들며, 더 풍성한 공동체의 삶을 만드는 데 기여한다. 이런 불안한 증상들은 참으로 우리가 정상이라는 증거다. 우리의 정상적 불안에 감사!

반면 신경증적 불안의 첫 번째 특징은 불안의 내용과 실제 처한 상황의 상관성이 희박하다는 점이다. 예를 들어 공부를 열심히 하지 않으면 인생을 망칠 것이라는 어른들의 협박은 상황과 전혀 부합하지 않는다. 공산당과 빨갱이가 국가를 전복하려 한다는 협박과 공포는 의도적으로 불안을 야기해 대중을 현혹한다.

신경증적 불안의 두 번째 특징은 검열과 억압이다. 불안을 자각하지 않으려 한다는 뜻이다. 이 상황의 문제는 불안을 느끼지 않으려 할수록 타인을 통제하려 든다는 것이다. 지질한 위정자일수록 자신의 불안을 멀리하기 위해 언론을 검열하고 통제하며 국민을 겁박한다. 내년이면 경제가 곧 망할 듯이 엄살을 떠는 재벌(그들의 경기 전망은 항상 비관적이다), 곧 전쟁이 터질 듯이 외부의 공격이 임박했다고 공포를 조장하는 정치인. 사실은 자신의 장래가 불안한데 그 불안을 억압하기 위해 자녀더러 '너희의 미래가 불안하다'고 겁박하는 부모도 있다.

신경증적 불안의 마지막 특징은 건설적이지 못하다는 것이다. 파괴적이며 기괴한 행위를 만들어낸다. '창조경제' 같은 모호하고 실체가 없는 기괴한 창조 말이다.

실존주의 심리학자 롤로 메이Rollo May는 불안을 이렇게 정의한다. "우리의 실존이나 실존과 동일시하는 가치에 대한 위협!" 그렇다면 우리를 위협하고 불안을 선동하는 자들을 경계해야겠다. 북한의 침략 위협을 자나 깨나 떠들어대는 수구 세력에서부터 '너 그렇게 공부 안 하면 나중에 빌어먹는다'라고 겁주는 부모에 이르기까지, 실체 없는 불안을 조장하는 이들은 모두 신경증적 불안을 가공하고 있는 것이다.

깨달음을 얻고자 고행하던 고타마 싯다르타에게 다가와 유혹하고 회유하고 협박하는 여러 마라魔羅가 있었다. 그중 싯다르타의 존재 불안을 조장한 마라의 언설은 교묘했다. 고요한 싯다르타는 그 불안에게 말한다. "나의 오랜 친구여, 나는 그대를 잘 알고 있다." 그러자 불안의 마라는 꽁무니를 빼고 도망갔다.

게으르게 살면
왜 안 되는가?!

세상의 모든 연대에 앞서 우리는 먼저 자기와 연대할 수 있으면 좋겠다. 연대는 타자에 대한 깊은 연민과 우정에서 시작한다. 그러므로 자신에 대한 깊은 연민과 선한 우정으로, 자기와의 연대를 이야기하려 한다. 먼저 게으름에 대해 말하고 싶다.

이옥순은 『게으름은 왜 죄가 되었나』에서 부지런함과 게으름은 서로 반대말이 될 수 없음을 설명한다. '개미와 베짱이' 이야기같이 게으름을 죄악시하는 메시지가 유포되는 것은 지배자와 자본가의 이득이 우선되기 때문이라는 것이다.

게으름은 '쓸모없는 정신 상태이며 쓸모없는 인간이 되는 지름길'이라는 믿음이 통용되는 것 같다. 하지만 우리 모두는 게으른 삶을 강력히 소망한다. 열심히 일해서 돈을 많이 벌고자 하는 이유는 무엇인가? '게으르게 살기 위함' 아닌

가. 헨리 데이비드 소로가 『월든』에서 소개한 에피소드처럼 말이다. 전 세계를 다니며 무역으로 많은 돈을 벌고 있다고 떠벌리는 부유한 무역상에게 소로는 묻는다. "그렇게 돈을 많이 벌어서 무엇을 하려 합니까?" 그러자 그 무역상은 "이렇게 조용한 바닷가에 집을 짓고 바다를 보며 편하게 살고 싶어서"라고 대답한다. 그러자 소로는 속으로 생각한다. '나는 지금 벌써 그렇게 하고 있는데….'

게으름에 대한 우리의 야망(?)을 정리하자면 이런 게 아닐까. '게으르게 살 수 있을 때까지 게으르면 안 된다!' 게으를 수 있는 권리, 게으름을 누릴 수 있는 자격은 희망하는 만큼의 부를 가지게 되었을 때 주어지며, 그 이전에는 게을러서는 안 된다는 것이 게으름에 대한 우리의 양가적 태도인 것 같다. 그래서 우리는 잠깐의 휴식조차 편히 누리지 못한다. 자투리 시간을 활용해 어학 공부를 하고, 빈 시간이 있으면 자기계발서를 읽으며 자신의 빈틈이 무엇인지 또 그것을 어떻게 채울 수 있을지를 고민하고, 새벽잠을 포기하면서까지 또 하나의 자격증을 따려 한다. 이렇게 열심히 살지 않으면 시간을 허비하는 것 같고, 곧 도태될 것처럼 불안해하고 자책한다. 이렇게 보면 게으름은 성공의 천적이다.

하지만 한 번 더 자신에게 물어보자. 게으르게 살면 왜 안 될까? 먼저 자신의 '게으름'에 대해 가장 신랄하게 비난하고 혹독하게 심판하는 사람은 바로 자기 자신이다. 그런데 자기를 비판하고 불안을 조장하는 내면의 그 목소리는 사실 자기 것이 아니라 타인의 가치가 내재화된 것일 가능성이 크다. 게으르지 말라는 부모의 강압, 학과 공부만 강요하는 학교의 주입식 교육, 열심히 일하라고 독려하는 직장 상사, 미래 인재만이 자기 회사에 들어올 수 있다는 자본가의 헛소리.

그래서인지 우리는 사실 너무 열심히 산다. 전국의 술집에서 모두들 술에 취해 제각각 목소리를 높여 말한다. 나 정말 열심히 살아왔다고, 나 정말 최선을 다해 인생을 살았다고. 울분을 토하며 자신이 게으르지 않았음을 웅변한다. 나 정말 게으르게 살아왔다고 목청을 높이는 사람은 당연히 하나도 없다.

언뜻 모순적으로 들릴지 모르겠지만, 게으름은 우리를 안정시키는 '에너지'다. 모든 에너지는 다 좋다. 진정한 문제는 게으름이 아니라 쉼조차 게으름이라고 믿는 태도와 그것을 비난하는 마음이다. 많은 생물체들은 먹이를 구할 때를 제외하고는 대부분의 시간을 놀고 쉬고 장난치면서 그렇게 아주 게으르게 지낸다. 인간도 그럴 수 있을 것 같다. 충분히, 충분히, 충분히 쉬었다고 느낄 때까지, 일하고 싶다는 생각이 들 때까지 쉬는 것이다. 그러면 어떻게 먹고사느냐고 힐난할지도 모르겠다. 그렇다면 그런 삶을 상상이라도 하자. 설령 진짜 게으르더라도 자기 자신을 비난하지는 말자. 게으르다, 아니다는 누구도 평가할 수 없다. 어느 정도까지 게을러도 되는지에 대한 판단은 자기 자신의 감각에 맡겨야 한다. 게으름에 대한 어떤 가치나 기준은 모두 타인이 만든 것이다. 충분히 게으를 수 없다면, 적어도 게을러지고 싶은 자신을 비난하지는 말자. 그래야 우리 마음을 온전히 보존할 수 있다.

우울,
자기 배려가 필요하다는 신호

우울은 타인과의 관계에서 정당하게 표현되어야 할 분노가 좌절되고, 그 분노의 좌절을 자신에게 책임 지우면서 발생할 때가 많다. 즉 분노가 자신을 향할 때 우울로 변환된다.

하지만 우리 삶에서 정당한 분노를 표현하고 상황을 바로잡을 수 있는 기회는 별로 없다. 예를 들어 온갖 술수와 유치한 사내 정치를 통해 승진하는 사람이 있다면, 인간의 품위를 지키며 과정과 능력에 따라 공정하게 평가받으려는 사람들은 좌절하게 된다. 비열하고 계산적인 처세로 출세하는 인간은 자신을 결코 하찮다고 생각하지 않는데, 자긍심을 지키려 했던 사람이 결국 자신을 하찮게 여기게 된다. 일은 쥐뿔도 안 하면서 뺀질거리고 높은 사람 비위만 신경 쓰는 이들이 득세하는 세상에서 우울해지지 않는다면, 그것이 오히려 이상한 일이다. 모두 알다시피 이런 일은 세상 어느 곳에서든 언제고 일어날 수 있고, 나도 종종 이런 상황의 주인공이 된다. 그런 의미에서 우울한 인간은 정상이다.

우울은 이른바 '착함'과 연결되어 있기도 하다. 성공에 갈급하고 타인을 자기 출세의 재료로만 여기는 자는 쉽게 우울을 느끼지 않는다. 비열한 자도 우울을 느끼지만 그것은 양심의 가책을 받아서가 아니다. 히틀러도 고뇌했지만 그것은 자기 맘껏 유대인을 죽일 수 없었기 때문이며, 전후 일본이 우울했던 것은 전쟁에 졌기 때문이다. 이들의 우울은 공격성의 좌절로 인한 가짜 우울이다.

진정 우울한 사람은 타인에게 해를 끼치는 것이 두려워 끝내 '자신'을 학대한다. 부당한 상황에서 분노하지도, 정당하게 요구하지도, 사실 관계를 논리 정연하게 따져 잘잘못을 바로잡지도 못한 자신의 못남에 대해 분노하고, 또 자기 마음을 학대한다. 그래서 우울한 사람은 (지나치게) 착한 사람이다. 다만 타인에게만 착했을 뿐, 자신에게는 가혹했다. 이처럼 우울은 우리 삶의 불균형에서 기원한다.

타인과 함께하는 세상에서 행한 선善이 자신에게 고통으로 보상되면 그 가치는 상실된다. 그 선한 행위의 결과물이 최소한 자신을 피해자로 만들지는 않았어야 했다. 선이란 마땅히 행하는 자신도 보호하고 존중할 수 있는 것이어야 하며, 그 선함이 자신과 타인에게 공정하게 이득이 되어야 한다. 그래서 다시 말하지만, 우울은 잘못된 방향으로 쓰인 선한 에너지의 결과물일지도 모른다.

우울의 기제는 자기와 외부를 단절시키고 자신을 잠식하게 한다. 관계 때문에 발생했지만 관계를 통해 해결하기 어려운 일이 된다. 그래서 그 안에 갇혀 자신을 나약하거나 어리석은 사람으로 여겨 자책하고 징벌한다. 개인을 옴짝달싹 못하게 만드는 이 기제가 우울의 어두운 면이다.

그렇다면 우울에 대한 공정한 응답의 태도가 어떠해야 하는지 자명해진다.

첫째, 자신을 선하게 대해야 한다. 모든 사람은 자신부터 먼저 선하게 대해야 한다. 이것이 자기와의 연대의 첫걸음이다. 선한 사람은 존중받아야 한다. 우울한 이가 자신을 존중해야 하는 결정적 근거다. 그 존중의 방식에는 입을 열어 말하는 것도 포함되어 있다. 부당한 일에 공정함을 요구하고, 과도한 착취나 의존을 허용하지 말며, 자신이 느끼는 불편함을 솔직하게 말해야 한다. 그것이 자신에 대한 존중이다. 타인에게 착한 사람으로 보일 필요는 없다. 자신이 불편해하는 것, 스스로가 믿는 올바른 과정과 평가, 그 누구도 소외시키거나 희생하지 않는 관계가 무엇인지 생각해보고, 그것을 실행해야 한다. 그것을 행했는데도 안 되었을 때의 좌절은 해보지도 않고 지레 좌절하는 것과 차이가 있다.

둘째, 외부로만 쏠렸던 에너지를 자기에게로 돌려야 한다. 우울할 때 인간은 내부 자극에 특히 민감하게 반응한다. 그래서 우울은 자기에게 집중할 때만 획득할 수 있는 감각의 흐름, 사고의 과정을 더 명징하게 경험하게 한다. 머릿속에 떠오른 온갖 생각은 그냥 잡념이 아니다. 내면에서 소화되지 못하고 남아 있는 감정의 잔여물, 찌꺼기가 언어로 부유하는 것이다. 몸과 감정에 아주 예민해진다는 것은 그동안 자기 몸에 대해, 감정에 대해 민감하게 감각하지 못했다는 반증이기도 하다. 그러므로 우울함은 자기에 대한 감각, 표현의 방식이 일깨워지는 과정이기도 하다.

즉 '지나치게' 착한 사람으로 살기 위해 타인을 '과도하게' 배려했으나 정작 자신은 소외시켰음을 웅변하는 것이 우울이다. 이 의미를 받아들일 때 회복의 전망이 마련될 것이다.

초라한 중년이
되지 않기 위해서

이것은 자기와의 연대와 병행하는 행위다. 분석심리학자 카를 융Carl G. Jung은 중년의 중요한 과업 중 하나가 다음 세대를 위한 기여임을 단호히 강조했다. 카를 융뿐만 아니라 정신분석학자이자 발달심리학자인 에릭 에릭슨Erik Erikson도 이렇게 말했다. "중년이 되면 또 다른 생산성이 있어야 한다. 그것은 기본적으로 자기 삶을 더 부유하게 만드는 걸 뜻하지 않는다. 자기가 여태껏 쌓아온 지적 경험, 경험으로부터 쌓은 지혜, 보유한 물적 토대 등을 다음 세대에 어떻게 전수할 것인가? 그 행위를 하지 않으면 중년의 삶은 아주 중요한 과제를 하지 않고 넘어가는 것이다."

찰스 디킨스의 단편소설 「크리스마스 캐럴」은 가장 전형적인 예시다. 주인공 스크루지는 오직 자기만을 위해서, 더 나쁘게는 자기를 희생하면서까지 돈을 모았다. 하지만 자신이 중년의 삶에서 빠뜨렸던 것이 무엇인지를 노년에야 통렬하게 깨닫고 뒤늦게나마 그 과제를 수행한다. 이 이야기를 그저 권선징악과 지독한 자린고비 영감의 개과천선으로 이해하는 것은 너무 단순한 사고다.

이야기에서 가장 흥미로운 것은 시간을 넘나드는 유령과의 만남이다. 유령은 먼저 스크루지가 현재의 모습처럼 차갑고 돈만 아는 속물이 아니었다는 사실을 일깨운다. 그는 오히려 낭만을 즐길 줄 아는 청년이었다. 그러나 점차 욕망이 그의 마음속에 자라나, 근심과 탐욕이라는 풍부한 양분을 받고 거대해지더니 마침내 그를 집어삼키고 만다. 그는 모든 것을 자신에게 이익인지 손해인지 따지는 사람이 되었고 사랑마저도 그러한 잣대로 판별하기에 이른다.

과거의 스크루지는 지금과는 아주 다른 사람이었다. 어린 시절의 그는 이렇게 묘사된다. "언제나 약한 아이였지, 불면 날아갈 것만 같았어. 하지만 마음만은 아주 넓었지!" 그러나 가난했기에 늘 혼자였고, 그래서 더 악착스럽게 돈을 벌기 위해 노력했다. 결핍으로 가득한 그의 정신을 욕망이 꽉 채웠다. "이런 것이 이른바 세상의 공평함이라는 건가! 세상에는 가난만큼 힘든 것도 없고, 부를 추구하는 것만큼 가혹하게 비난받는 일도 없으니!"라면서도 돈을 버는 데 목숨을 걸었다. 외로웠기에 돈을 벌었는데, 그 돈 때문에 그는 더욱 더 외로워졌다. 그는 늘 '세상에 외따로 남겨진 사람'처럼 보였다.

여기서 현재의 유령이 스크루지에게 들려준 매우 의미심장한 비유가 있다. 유령은 자신이 데리고 사는 두 아이 이야기를 한다. 그 아이의 이름은 무지와 궁핍이라 했다. 배가 고픈 (궁핍한) 사람은 음식 이외에는 무지해진다. 그리고 자신이 원하는 음식을 얻지 못할까 봐, 궁핍을 해결하지 못할까 봐 불안은 고조된다. 불안 때문에 자신과 세상에 대한 무지가 더해질 수 있다. 불안은 그 정도에 비례해서 인간을 예민하게 만들지만, 오직 예민한 부분에만 예민할 뿐 그 나머지 영역에는 둔감해진다. 예를 들어 도둑이 들까 봐 불안해하는 사람은 가스가 새는 것을 잘 느끼지 못할 수 있다. 이런 과정을 거치며 무지와 궁핍은 몸집을 키워 한 사람을 잡아먹는다.

정신분석을 받으러 오는 내담자 중에는 중년이 많다. 내가 그들과 이야기하는 중요한 주제 중 하나는, 자신이 보유한 유·무형의 자산을 이제부터 어떻게 다음 세대에 전할 것인가에 대한 탐색이다. 나는 그들에게 여태껏 축적해온 지식과 경험과 물적 토대를 자기 자녀뿐 아니라 다음 세대가 잘 활용할 수 있도록 전수하는 과제를 제시한다.

「크리스마스 캐럴」에서 내가 읽은 것은 이렇다. 엄청난 부를 쌓은 스크루지가 중년이 넘도록 마음의 궁핍으로부터 벗어나지 못한 이유는, 그 스스로가 사회적 존재라는 점을 알지 못했다는 데 있다. 그리고 그 해법이란, 자신이 가진 유·무형의 자산을 후대에 잘 물려줌으로써 스스로 가치 있는 존재가 되는 것이다. 카를 융도, 에릭 에릭슨도, 찰스 디킨스도 모두 같은 말을 하고 있다.

　다음 세대에 대한 기여의 자세, 이것은 자기와의 연대이기도 하다. 그 행위가 자신을 더 가치 있게 만들기 때문이다. 부처도 말했다. "없는 자들에게 베풀지 않는다면, 도둑질하지 않는 것만으로는 깨달음에 이를 수 없다." 왼손이 한 일을 오른손도 하게 하자.

공황장애가
말하는 것

E씨는 30세의 여의사다. 그녀는 몇 개월 전에 전문의 과정을 마쳤고, 새로 취직한 병원이 있는 도시로 최근에 이사를 왔다. 그녀의 약혼자 역시 의사인데, 같은 도시의 다른 병원에서 그녀보다 좀 더 일찍부터 일하고 있었다. 그들은 결혼을 앞두고 있고, 그 과정에서 E씨는 결혼 준비와 여러 다른 일 때문에 스트레스를 받고 있었다. 그녀의 약혼자는 신혼집을 알아보고 집을 수리하는 일 등으로 분주했고, 결혼 준비로 서로가 정신없는 생활을 하고 있었기에 최근 들어 몇 주간은 거의 얼굴도 보지 못할 정도였다.

자가용을 운전해서 급하게 출근하던 어느 날 아침, E씨는 병원 앞에 거의 다 와서 갑작스레 이상한 느낌이 들어 당황했다. 뭔가 끔찍스러운 일이 생길 것 같은 기분이 들면서 공포감이 확 몰려왔다. 심장이 쿵쾅거리며 심하게 박동하고 어질어질 혼절할 것 같은 느낌이 들면서 숨이 가빠졌다. 급격한 괴로움은 통제가 어려웠다. 길가에 차를 세운 E씨는 운전대를 잡고 한동안 버티면서 자신을 진정시키려 노력했다. 다행히 그런 고통은 몇 분 뒤에 잦아들었고 증상도 사라졌다. 하지만 정신을 차리고 보니 땀으로 온몸이 흠뻑 젖어 있었다.

출근하자마자 E씨는 선배 내과 의사에게 가서 아침에 겪은 증상을 이야기했다. 그리고 그때의 느낌은 흡사 "몇 톤의 벽돌이 나한테로 쏟아지려는 순간을 보는 것 같았다"라고 설명했다. 그 선배 의사는 몇 가지 필수 검사와 심전도검사 등을 실시했으나 아무런 신체 이상도 찾을 수 없었다. E씨는 최근 겪고 있는 큰일들과 그에 따른 엄청난 스트레스에 대해 말했다. 그러자 그 의사는 아마도 스트레스가 쌓여서 그럴 수도 있으니, 마음을 편히 가지고 좀 쉬면 좋아질 거라고 했다.

그날 E씨는 별다른 이상 없이 일을 마쳤다. 하지만 퇴근 시간이 다가오자 그녀는 운전을 해서 집으로 돌아가는 것에 대해 걱정이 올라오면서, 아까 같은 증상이 또 생기면 어떻게 하나, 하는 불안이 들기 시작했다. 그래서 친구 의사에게 집에 갈 때 옆에 앉아서 같이 가달라고 부탁했다. 그러고 나서 2주일 동안 E씨는 같은 증상을 겪지는 않았지만 운전에 대한 불안은 점점 더 강해졌다.

처음 경험한 그날로부터 3주 뒤, E씨는 슈퍼마켓에 가는 차 안에서 또 한 번 같은 증상을 느꼈다. 증상이 사라진 후 그녀는 약혼자에게 전화해서 자신을 데려가달라고 부탁했다. 그 후부터 E씨는 불안함 때문에 운전하는 것이 불가능해졌다. 운전하는 것을 생각만 해도 그런 상황을 또 겪을까 봐 너무나 불안해서 도저히 운전을 할 수 없었다.

이 사례는 상담 교재에 예시된 케이스인데, 아주 전형적인 공황발작panic attack 증상이다. 이와 동일하거나 유사한 증상을 일생 동안 단 한 번이라도 겪는 경우가 60~70 퍼센트에 이른다고 한다. 대부분은 이런 증상을 한두 번 가볍게 겪고 넘어가지만, 적지 않은 사람들이 공황발작에서 공황장애로까지 악화된다(한두 번의 가벼운 공황발작 증상만으로는 정신장애로 진단하지 않는다).

공황장애로 악화되는 과정에서는 여러 단계의 심리적 경험을 하게 된다. 증상이 발현되고 그것이 몇 번 반복되면 응급실로 달려가게 되고, 자신이 미치거나 죽을 것 같아 극심한 공포에 질린다. 병원에서 심전도검사, 방사선검사, 뇌파검사 등 모든 검사를 해봐도 원인은 찾아낼 수 없으므로 심각한 건강염려 단계에 빠지게 된다. 이 상태가 계속되면 자신이 공황발작을 겪은 곳과 유사한 장소를 극도로 기피하기에 이른다. 예를 들면 만원 버스나 지하철, 꽉 막힌 도로, 비행기, 엘리베이터, 또는 사람들이 많이 모인 장소 등이다. 이 상태가 더 악화되면 사회공포증, 즉 사회 활동을 하는 것에 대해서도 두려움을 가지게 되고 심지어 바깥출입을 아예 못 하게 되기도 한다. 더불어 심각한 우울증이 동반되는 경우도 있다.

공황장애의 증상은 인종이나 성별에 상관없이 광범위하게 발현된다. 나는 뉴질랜드에서 다양한 인종과 연령의 내담자를 치료 목적으로 만났는데, 개인적 임상 경험으로나 다른 연구 통계로 보아도 인종과 성별에서 발생 빈도의 차이를 발견할 수 없었다(다만 20~30대 젊은 층에서 비교적 더 많이 발생한다).

무엇보다 공황에 주목하는 이유는 언젠가부터 이 증상이 우울증만큼이나 시대적 질병이 된 것 같아서다. 특히 흥미로운 사실은, 한국 사회에서 공황장애가 연예인 병이라고 불러도 될 만큼 이름난 연예인 중에서 이 장애를 고백하는 경우가 잦다는 점이다. 나는 그들이 왜 그런 증상으로 힘들어하는지 짐작이 된다.

내가 만난 내담자 가운데 공황장애로 진단된 사람들이

공통적으로 겪는 문제가 있었다. 증상이 발현되는 그 시점을 기준으로 최소 몇 달(또는 1~2년 이상) 동안 누적된 스트레스 상황에 빠져 있었다. 그런데 그 스트레스 상황은 대체로 자신의 통제력이 전혀 힘을 발휘할 수 없으리라는 믿음과 두려움이 합성된 심리적 조건과 깊이 연관되어 있었다.

특히 통제할 수 없다고 여기는 그 부분은 자신이 정말 욕망하는 그 무엇이다. 앞서 든 연예인의 사례로 말하자면 그들이 욕망하는 것은 '인기인'이라는 지위를 지속적으로 유지하는 것이다. 하지만 그것은 자신이 통제할 수 없는 영역이다. 노력해서 만든 영화나 작품이 쪽박을 차거나 힘들여 준비한 공연이 시들한 반응을 얻을 경우, 그들의 인기라는 것은 노력 여하와 관련 없는 게 된다. 즉 자신이 통제할 수 없는 조건이 주는 두려움이 그들에게 심리적 공포 상태를 만들어 내는 게 아닌가 싶다.

문제는 바로 여기에 있다. 정말 자신이 얻기를 욕망하고 그 과정을 통제하려는 심리는 그만큼 거기에 의존하고 있다는 뜻이다. '세상에서 가장 두려운 사람은 지키고자 하는 것이 하나도 없는 사람'이라는 말이 있듯이, 강력히 원한다는 것은 그만큼 강력히 의존하고 있다는 말이다.

앞서 사례로 든 E씨의 경우도 마찬가지다. 힘든 과정을 거쳐 전문의가 되고 결혼을 앞둔 사회적으로 훌륭한 성인이지만, 사실 그녀는 부모를 실망시키기 싫어서 이렇다 할 자기 생각도 없이 의사가 되었다. 성장하지 못한 어린아이 같은 그녀는 부모에 대한 의존에서 벗어나고자 결혼을 택했다. 하지만 그것은 의존 대상을 옮기는 것일 뿐, 그녀는 여전히 성인으로 성장하지 못한 채였다. 게다가 결혼, 직장, 거주 이전 등 여러 가지 힘든 상황이 닥쳤는데 약혼자는 그녀 옆에 없었다. 부모님도 근처에 없었으므로 그나마도 의존할 수 없는 처지였다. 그녀는 자신이 의존하는 것들에 대해 아무런 통제력도 행사할 수 없었기에, 낯설고도 힘든 상황에서 내면으로부터의 공포를 경험하게 된 것이다. 사실 공황발작은 그런 내적 공포의 발현이었다.

점점 더 많은 사람들이 공황장애를 겪고 있다. 세상은 개인의 능력으로 통제할 수 없다. 무엇보다 세상은 예측 가능하지 않다. 예견할 수 없는 사고들이 불시에 터지고, 그럼에도 아무도 우리를 지켜주지 않는데, 전문가의 진단과 예상은 언제나 멸망의 시나리오다.

설상가상으로 권력자나 재벌의 비법과 불법 행위는 준법보다 훨씬 더 횡행하고, 국민은 원인 모를 죽음을 당하고도 거리로 내몰리는데, 이름도 생소한 역병이 어처구니없이 번져나가 생계를 위협한다. 아무리 노력해도 '갑'들은 자리를 내주지 않고, 조금이라도 힘을 가진 자들은 현대판 음서제로 권력을 대물림한다. 우리는 이런 세상의 어디에서 살아야 하는가? 그러니 우리는 점점 더 무언가에 광적으로 집착하고, 그것을 갖고자 하며, 그것에 의존한다.

인간의 모든 증상은 하나의 메시지다. 감기는 우리 몸의 면역력이 떨어졌다는 신호이며, 몸살은 너무 무리했으니 쉬라는 요구이며, 우울은 내가 나 자신의 분노를 제대로 돌보지 못했다는 절규이며, 강박은 소외된 나 자신의 실재를 확인하려는 의례이며, 무기력은 착취당하는 자신을 보호하기 위한 최대한의 몸짓이다.

그렇다면 우리 안의 공황, 공포는 무엇을 그리 발작적으로 말하려 하는 것일까? 그것은 아마도 탐심에 눈이 멀어 자기 자신을 점점 상실하는 데 따른 두려움에서 기인하는 듯하다. 사실 자기를 통하지 않고는 아무것도 얻을 수 없지 않은가. 공황은 욕망에 휩쓸려 자기를 상실해가는 자들이 두려움을 느껴 무서워하는 얼굴로 자기를 다시 찾아달라고 주체에게 애걸하는 모습이다.

더 많이 말하고 들어야
혐오하지 않는다

혐오가 창궐한다, 역병처럼. 이 집단이 저 집단을, 이 지역 사람이 저 지역 사람을, 언어나 피부색이 다른 사람을, 이제는 무참하게도 이름 없는 남자와 얼굴 없는 여자가 서로를 혐오한다. 대상이 불분명하니 무차별적이 되기도 한다. 격분한 어느 한 사람의 말을 집단 전체의 생각인 양 믿어버린다. 싸움은 격렬해지고 언어의 온도와 농도는 고양된다. 의견을 주고받는 중에 급진파와 '일단 참아보자'파로 나뉘다 보면 또 다른 극단의 지파가 만들어진다. 역사상 진보, 보수 정치의 지형이나 페미니즘의 분화 과정이 그 비근한 예시가 될 것 같다.

그런데 '여혐, 남혐' 현상은 지역감정을 기반으로 한 영호남 갈등이나, 피부나 언어가 다른 외국인 노동자에 대한 차별과는 분명 다른 모습이다. 특히 여성 쪽의 양상을 보면 특징적인 중요한 지점이 눈에 띈다. 일단 그들의 목적은 '폭로'

하는 데 있는 것 같다.

양남兩南의 사람들이 서로를 미워한다 해도 폭로전을 펼치지는 않는다. 외국인 노동자에 대한 차별과 혐오가 우려스러운 정도지만, 조직적으로 외국인 노동자의 일상을 비하하거나 어떤 실수를 책잡아 낱낱이 까발리지는 않는다. 그런데 한국의 어떤 여성 집단은 집요하게도 한국 남성의 지질한, 비겁한, 폭력적인, 이기적인, 편협한, 권력적인, 무감각한, 무책임한, 안하무인의 행태를 폭로하고 있다. 그들은 폭로의 방식으로, 이를테면 상대의 행동과 언어를 따라 하는 '미러링'을 이용한다. 하지만 더 관심이 가는 것은 그들의 말, 언어다.

숫자가 많다고 약자로 전락할 가능성이 없는 것은 아니다. 이 나라 어느 계층, 단체, 소수자, 약자의 무리에서든 여성은 더 밑바닥을 감당하도록 강요당했다. 남성 장애인보다 여성 장애인이, 비정규직 남성 노동자보다 여성 노동자가, 남성 노숙자보다 여성 노숙자가 더 험한 자리에서 더 모진 처분을 받는 것은 사실 아닌가. 그러니 개별 여성이건 어떤 이미지로서의 여성이건 이들을 약자의 위치에 있다고 하는 것은 이상한 일이 아니다.

그런 여성이 말을 하고 있다. 이제야 겨우 말할 기회와 공간을 얻은 것이다. 그래서 때로는 그들의 언어가 너무 짙고

뜨겁고 험하며, 선뜻 눈길 주기 힘든 표현들도 있다. 하지만 누군가의 어머니, 딸, 아내로서 경험한 그들의 삶이 그만큼 슬프고 억울했다는 뜻이다.

몇 년 전 겪은 일이다. 분석을 진행하던 한 여성 내담자는 자기 삶에 대한 깊은 성찰의 순간에 스스로를 이렇게 표현했다. "별이라고 믿고 살아온 불가사리!" 짐작하다시피 이 말은 자기 비하가 아니다. 이제 더 이상 이렇게 살지 않겠다는 선언이다. 그녀는 비합리적인 생각을 사실인 양 믿고 살아온 구태의 자신을 해방시켰고, 그것은 언어를 확보함으로써 가능했다. 연이어 그 언어가 열어놓은 통로를 통해 그녀의 수많은 억압된 기억들이 정연하게 헤아림 받았다. 그녀가 가부장제의 습속과 폭력이 가둬놓은 자기를 제대로 존중하기 시작한 것도 이때부터였다.

정신분석의 궁극은 (타인과 자신에게 피해를 입히지 않으며) 억압으로부터 해방되는 데 있다. 가장 중요한 과정은 자기 언어를 획득하는 것이다. 하이데거가 말한바, "언어는 존재의 집"이다. 어떤 상황이나 경험, 감정을 가장 적확한 언어로 포획해내고 표현할 때 비로소 대화가 시작될 수 있다.

하지만 대화는 오직 오해에 의해서만 가능하다. 정확히 서로를 이해했다면 더 이상의 논의나 논쟁은 지루한 동어반복이 될 것이다. 그러므로 많은 언어가 필요하다는 것은 어떤 오해가 깊었다는 말이다. 하고 싶은 말이 많다는 것은 그 오해에 의한 피해자가 있고 피해가 컸다는 뜻일 수 있다. 그래서 말 많이 하지 않는 것을 미덕으로 삼아온 남자들의 세상에서, 여성들에게 가해진 부조리함은 그 부조리를 '폭로'하는 것으로 드러나는 것 같다. 그러니 이 힘겨운 언설들을 외면하지 말고 세상은 끝내 경청하면 좋겠다. 대화에서의 권력은 청자에게 있다는 사실도 잊지 않으면서 말이다. 물론 우리가 가장 귀 기울여 들어야 할 목소리는 바로 자기 자신이다. 자신의 이야기를 듣지 않으면 스스로를 혐오하게 된다.

사춘기를 치유의 시간으로
만드는 법

집단 괴롭힘과 왕따 등으로 나타나는 학교 폭력은 여전히 우리 사회의 큰 걱정거리다. 상상을 초월할 정도로 잔혹하고 모욕적인 폭력이 특히 중고등학생 사이에 횡행했고, 몇몇 피해 학생은 극단적인 선택을 했다. 그러자 정부와 교육 관계자, 학부모가 문제의 심각성을 자각하고 학교 폭력에 관심을 기울이기 시작했다. 지금도 이 문제는 완전히 해결되지 않았지만, 언젠가부터 또 다른 양상이 완연하다.

꽤 여러 해 전, 한 신문기자와 대화를 하다가 질문을 받았다. 학교 폭력이 이대로 없어지겠느냐, 앞으로는 더 이상 이런 문제가 발생하지 않을 것 같으냐는 것이었다. 그때 나는 이렇게 대답했다. 타인을 향한 폭력성이 금지되면 이제 아이들은 자신을 공격하게 될 것 같다고. 혜안이 있어서가 아니다. 아이들에게 가해지는 '교육 폭력'과 인간의 본성인 공격성에 근거해 아이들의 자연스러운 발달 과정을 적용해보면 어렵지 않게 예견할 수 있는 대답이었다. 억압과 금지로 분노가 끓어오르고, 그 분노에 따른 공격성이 외부 대상을 찾지 못하면 필연적으로 자신을 해치게 된다.

한 주간지가 특집으로 다룬 청소년의 자해에 관한 기사들은 예견된 고통을 눈앞에서 확인시켜주었다(『한겨레21』 1237호). 전체 중학생 51만 명 가운데 자해 경험이 있는 아이가 4만 5천 명, 약 8퍼센트에 이른다고 한다. 조사에서 거짓말을 하고 자해 사실을 숨긴 아이들도 있다고 했으니, 실제로는 더 많을 것이다. 전문가들이 짐작하는 수치는 적어도 약 15퍼센트에 이른다.

아이들은 어른들(부모들)이 겪는 좌절과 힘겨움을 고스란히 떠안는다. "다 너 잘되라고 하는 거야"라는 거짓말을 입에 침도 안 바르고 하면서, 부모들은 아이들의 삶을 틀과 갑 속에 욱여넣는다. 그 억압 아래에서 아이들은 선택과 결심의 기회를 박탈당하고, 생명은 핏기를 잃어가고 자기 존재를 반건조 미라로 감각하는 것 같다.

아이들이 살아 있음을 죽음에 근접하는 방식으로 확인한다는 것은 삶과 죽음 사이에 공간이 없다는 뜻일 수도 있다. 우리는 항상 삶을 인지하거나 죽음을 각성하면서 살지 않는다. 죽음과 삶 사이에는 공간이 있기 때문이다. 그것을 '생활'生活이라고 이름 붙여도 좋겠다. 살아 움직인다는 뜻이다. 하지만 지금 많은 아이들이 죽음과 삶이라는 양 극단에 놓여 있다. 살아 움직이지 못하는 아이들은 타인의 도움을 받지도, 교류하지도 않으면서 최소한의 움직임으로 자신이 살아 있음을 확인하고자 한다. 바로 자해다.

아이들은 자신의 고통을 스스로 치유할 수 있어야 한다. 성인이 되기 전에 유년기에 겪은 상처를 치유해야 한다. 그래야 어른으로 성장할 수 있다. 나는 성장을 위해 아이들의 삶에 가장 필요한, 주된 양식이 친구들이라고 생각한다. 부모보다, 대학보다, 성적보다, 최신 사양 스마트폰보다 친구다. 내신 성적이 앗아가고 학원이 대신해버린 그 친구들 말이다.

혹시 이 글을 읽을지도 모를 나의, 우리의 아이들에게 말하고 싶다.

나는 너희들이 잘 놀고, 많이 놀고, 함께 놀아야 한다고 생각한다. 인간은 원래 생존을 위한 의식주를 해결하고 남은 시간 동안 노래하고 춤추고 시시덕거리고 장난치고 사랑하고, 그것이 여의치 않으면 혁명을 일으켜온 생명체다. 왜 우리는 잘 놀고 많이 놀고 더 놀면 안 되나. 친구는 허용되는 것이 아니라 너희가 반드시 쟁취해야 하는 존재다. 그러니 너희들이 어른들을 허용하지 말아라. 친구들과 놀아라, 오직 놀아라, 그저 놀아라. 그것이 너희의 사춘기를 치유의 시간으로 만들 것이다. 그래도 괜찮다, 다 괜찮다. 지금까지도 잘 크지 않았는가. 너희들이 어떤 아이들이건 다 괜찮다. 존재 자체로 아름다운 우리의 아이들이니까.

'소통'이라는 허울
또는 애정 없음에 대하여

소통은 흔히 문제 해결의 만병통치약처럼 여겨지곤 한다. 하지만 사실 소통으로 해결할 수 없는 집단과 집단, 개인과 개인 간의 갈등도 많다. 예를 들어 극렬한 동성애 혐오에 매몰된 종교인이 동성애자를 만났을 때 소통은 거의 가능하지 않을 것이다. 성취 지향적이고 명문대 합격 외에는 다른 경우의 수를 생각해본 적 없는 아버지가 프로게이머가 되려는 아들과 소통하려는 시도는 폭력적 결말을 맞을지도 모른다. 어머니의 정서적 품 안에서 절대로 벗어날 의사가 없는 남자와, 그런 남자를 자신의 진정한 남편으로 돌려세우려는 아내의 소통 노력은 더 큰 불화를 불러올 수도 있다.

내 생각에 소통의 그림자는 '경쟁'이다. 자기 의사를 관철하고 상황을 장악하려는 마음을 잘 포장하고, 자신에게 더 유리한 조건을 만들기 위해 소통이라는 명분을 걸고 경쟁을 하려 든다. 상대를 존중하지는 않으면서 대화하자는 제스처는 소통이라는 가면을 쓴 경쟁의 교묘한 또 다른 모습일 뿐이다.

자기가 믿는 종교가 선이고 동성애는 악이라 여기며 자신이 권선징악의 주인공이 되어야 한다는 신념을 가진 종교인, 명문대학 입학을 지향하는 철저한 경쟁 구도 안에서 자기중심적 욕망으로 가득 찬 아버지, 며느리로부터 아들의 애정을 빼앗아 가지려는 시어머니. 자기만이 옳다는 것을 입증하기 위해 경쟁을 벌이고 있는 예시들이다.

이뿐 아니다. 입에 밴 친절은 있어도 존중이 호환되는 관계는 만나보기 쉽지 않다. 우리 사회의 친절의 얼굴은 꺼풀이 너무 얇아, 조금만 다른 요구를 받으면 난감한 짜증과 퉁명스러움으로 반응한다. 이해관계에 얽매인 칭찬과 격려는 난무해도 사람에 대한 존중은 찾아보기 어렵다.

공식적으로 모인 자리의 풍성한 덕담은 성찬보다 더 차고 넘치지만, 그것은 사실 '당신은 계속 그런 모습으로 내게 남아 있으라'는 웃는 표정의 협박이다. "김 회장님, 참 인품이 너그러우세요"라는 말을 들은 김 회장은 결코 그 말을 한 사람에게 화내지 못한다. 하지만 이해관계가 소멸되거나 틀어지면, 그들의 관계는 '부재중 전화'로 전환된다. 까탈스러울 정도의 의전과 예절을 강조하지만 예의는 없는 관계가 또 얼마나 많은가?

그래서 소통이라는 단어가 성행하고 소통 노력을 기울여야 한다는 강박적 주문이 번성할수록 경쟁이 더 심각해졌다는 뜻으로 이해해도 무리가 아니다. 소통을 주문하는 자리마다 장악이나 통제, 일방적 승리에 대한 욕망이 선점하지 않은 곳이 없다.

그렇다면 소통이라는 이름의 경쟁 대신 무엇을 해야 할 것인가? 경쟁은 기본적으로 '나'의 승리를 목적으로 한다. 상대가 누구이건 그(녀)를 패자로 만드는 결과를 만들려고 할 수밖에 없다. 결국 '나'를 선택하는 행위다. 반면에 진정한 소통의 기본적 목적은 그 과정이 어찌 되었건 '우리'를 선택하려는 것이다. 너와 나, 아내와 남편, 자녀와 부모, 상사와 부하직원, 사주와 노동자가 자기만이 아니라 '우리'를 선택하는 생각과 태도를 말한다. '우리'를 선택하려는 소통이 아니라면 모두 경쟁이라 불러야 한다.

경쟁이라는 구도 자체를 무화無化시키려면 우선 상대에 대한 애정이 있어야 한다. 동성애를 징벌하고 싶은 기독교인은 자신이 동성애자에게 애정이 있는지 자문해봐야 한다. 애정이 없다면 어떤 개입도 하지 말아야 한다. 프로게이머가 되려는 아들의 삶에 간섭하려면, 아버지는 아들에 대한 자신의 애정이 정말 순수한지 점검해보아야 한다. '나'가 아닌 '우리'를 선택하고 순수한 애정이 확인될 수 있으면 소통의 필요가 사라지는 경우를 나는 상담실에서 수도 없이 보았다.

진정한 대화를
해본 적 있나요?

천재 한스 게오르크 가다머Hans Georg Gadamer에게 마르틴 하이데거Martin Heidegger와의 조우는 행운이자 불행이었다. 하이데거를 비판, 계승하고 발전시킨 철학계의 여러 거장이 있지만, 하이데거가 가장 총애했던 제자이자 동료는 한스 게오르크 가다머다.

　나름 천재라고 자신했던 약관의 가다머는 당대 가장 유명했던 하이데거의 강의를 듣고 충격에 빠진다. 한 번도 느껴보지 못한 열등감과 까닭 모를 패배감도 느낀다. 반면 하이데거는 가다머의 천재성을 한눈에 알아보고, 죽기 전까지 40년도 넘게 가다머를 제자이자 친구로서 지도하고 격려하며 교류한다. 그들이 숲속 오두막에서 함께 통나무를 자르는 사진을 보면 마치 부자지간 같다. 하지만 하이데거가 타계하고 오랜 세월이 지나, 가다머는 말년에 이렇게 회고한다. "우리는 40년을 넘게 수도 없이 만났지만, 나는 단 한 번도 그와 대화한 적이 없다."

가다머는 "하이데거를 만난 이후로 책상에 앉아 책을 읽고 글을 쓸 때면 언제나 그가 내 뒤에 서서 나를 지켜보고 있는 것 같았다"라고 회고한다. 기나긴 학문의 고행길에서 가다머는 하이데거를 벗어나기 위해 전공 분야를 바꾸는 등, 깊은 내적 갈등과 방황을 경험했다. 가다머의 말에 따르면 해석학, 윤리학, 미학 등에 지대한 영향을 끼친 철학계의 두 거장은 결국 한 번도 진정한 대화를 하지 못하고 40년이 넘는 세월을 보내버린 것이다. 대화란 무엇인가, 소통이란 무엇인가에 대한 의구심과 의문을 가지게 된다.

정신분석학의 시조 지그문트 프로이트Sigmund Freud와 카를 융의 이야기다. 정신분석이 유대인 정신과 의사 커뮤니티의 한계를 넘어 유럽과 세계로 뻗어나가기를 갈망했던 프로이트는 비유대인이며 개신교 목사 아버지를 둔 후배 학자 융을 만나, 그 꿈을 이룰 희망에 부풀어 있었다. 프로이트는 융을 정신분석학회장으로 앉히고, '사랑하는 나의 아들에게'로 시작하는 애정 어린 서한을 수도 없이 보냈다. 융 역시 '존경하는 나의 아버지에게'라는 표현으로 화답했음은 물론이다. 하지만 꿈의 해석에 대한, 더 깊게는 인간의 정신세계에 대한 이견으로 둘은 결국 좋지 않게 결별한다. 심지어 최초의 미국 강연 여행을 코앞에 두고 벌인 둘의 설전으로 프로이트는 졸도하기까지 한다. (필자가 보기에) 융은 솔직하지 않았고, 프로이트는 두려웠다. 그들은 서로 자신의 의견이 손상당하지 않기를 바랐다. 그래서 더 이상 서로를 손상하지 않으려 했던 것 같다. 그들은 이견에 대해 솔직한 대화를 나누지 못한 채 관계를 마무리한다. 나중에 프로이트는 측근들에게 이렇게 탄식한다. "적들은 어떻게 해보겠는데, 친구들은 어떻게 할 도리가 없다네."

　적들과는 싸울 수 있다. 하지만 깊은 관계일수록 속 감정을 말하기 어렵다. 이런 난감함은 부부나 부모-자식 관계에서도 예외 없이 나타난다. 원가족의 수치스러운 역사를 가장 가까운 배우자에게 수십 년째 함구하며 사는 부부들을 종종 본다. 오랜 시간 봉인된 가족의 비밀은 공공연하지만 금기로 남아 있다.

　가다머가 자신의 열등감을 그 깊이만큼 하이데거에게 털어놓지 못한 것이나, 정신분석학의 두 거장이 각자의 두려움을 '정신분석적'으로 서로에게 고백하지 못한 것이나, 우리 장삼이사가 소중한 사람에게 자신의 치부를 드러내지 못하는 것이나 별로 차이가 없는 것 같다. 저런 대가도 그럴진대 우리 같은 필부야 오죽하겠나, 하는 위로도 잠깐 얻을 수 있다. 하지만 그들이 못 했다고 우리까지 못 할 건 없다.

대화의 어긋남을 가만히 살펴보면, 소통이 가로막힌 한편에 '경쟁'이라는 짙은 그림자가 놓여 있는 것 같다. 상대를 이겨먹겠다는, 적어도 지지 않겠다는 경쟁심이 대화를 불가능하게 만드는 듯하다. 그래서 생각해본다, 어쩌면 경쟁의 본질은 두려움이 아닐까….

국경을
넘는다는 것

조상 중에 부자 없는 사람이 있겠는가마는 함경도 단천이 고향인 내 아버지는 선대로부터 물려받고 불린 농지가 엄청났다고 들었다. 북한에 몇 안 되는 평야 지대인 단천평야에서 해마다 소출이 수천 석은 되었다 한다. 게다가 할아버지는 단천 인근의 곡식을 대량으로 매집하여 소련으로 장사도 다니셨다. 매해 늦가을이면 범선을 빌려 수천 석의 쌀가마니를 싣고, 옛날 사회 시간에 배웠던 소련 극동 지역의 유일한 부동항 블라디보스토크로 일종의 곡물 수출을 하러 오가셨다. 아버지도 종종 할아버지를 도와 같이 다니셨다는데, 어느 해 가을에는 할아버지가 사위(내게는 고모부)와 함께 장사를 가셨다가, 사위가 몰래 하루 밤낮 꼬박 노름을 해서 싣고 간 곡물은 물론 빌린 범선까지 잡혀 전 재산을 홀랑 날려버렸다. 결국 할아버지는 이미 혹독한 겨울이 시작된 소련 땅에서부터 달포가량 오직 걸어서 단천 집으로 돌아오셨다. 상거지 꼴을 하고 돌아오셨다고 아버지는 회상했다.

　명절 때마다 술에 취하시면 이 이야기를 언제나 처음 하듯이 토씨 하나 빠뜨리지 않고 그대로 반복해서 말씀하셨다. 할아버지를 따라 아버지도 그렇게 장사를 다녔기에 청년기 때부터 중국과 소련을 여러 차례 넘나들었다. 축구를 좋아해 선수로도 활약했던 아버지는 중국이나 소련 팀들과 겨루는 축구 시합에 나가신 적도 있었다. 그렇게 백두산과 개마고원을 여러 차례 지나다니셨던 아버지는 금강산을 우습게 여기셨다. 백두산과 개마고원에 비하면 금강산은 '애기'라는 것이다. 아버지의 경험담이 거짓말은 아니었겠지만, 내게는 너무나 비현실적이어서 도무지 당신의 경험과 그 감정에 접근할 수가 없었다.

　몇 해 전 아들과 함께 유럽 몇 나라를 기차로 여행했다. 지친 아들은 잠들었고, 나는 차창 밖 풍경에 잠겨 무념의 시간을 보내고 있었다. 기차는 독일을 지나 벨기에로 가더니 어느새 네덜란드에 진입했다. 순간 나는 뭔가에 감전된 듯 소스라치게 어떤 슬픔을 느꼈다. 국경을 이렇게 넘을 수도 있구나. 국경은 그저 선이거나, 또는 길이거나, 그냥 아무것도 아닐 수도 있구나. 생의 대부분을 갇힌 남한 땅에서 살았던 나는, 육로로 국경을 넘는 것을 상상한 적이 없었다. 남한에서 육로를 통한 월경이란 곧 죽음을 뜻하는 것이다. 잠든 아들을 확인하고, 나는 눈물을 꽤 흘렸던 것 같다.

'국경'이라는 것은 남한의 우리에게 그냥 단어로만 존재했다. 국경이 없기에 우리는 월경할 다른 나라가 없는 영토에서 살았고, 다른 지경의 삶이 있다는 것을 감각하지도 못했다. 갇힌 국가의 국민으로 산다는 것은 상상력의 어떤 부분들을 절단하고 살았다는 뜻일 거다. 억울했다. 이런 나라에서 태어난 것이 억울했고, 내 삶의 미지의 가능성이 얼마나 불구가 되어버렸는지조차 알 수 없었기에 참담했다. 다른 문화, 언어, 사람들과 접촉할 기회는커녕 그런 가능성조차 상상할 수 없이 살아온 것이다.

자유로이 넘나들 수 있는 국경, 열린 가능성, 청년의 내 아버지가 적어도 두 대국을 발로 건넜던 그 당연한 일들을 나는 경험하지 못한 채 성장했다. 하지만 머지않은 미래의 사람들은 압록강과 두만강을 마음껏 건너다니며 대륙을 달리면 좋겠다. 그곳의 사람들과 문화와 교류하며 언어를 배우고, 그들 앞에 펼쳐진 가능성의 지평이 무궁무진하다는 것을 확인할 수 있다면 얼마나 좋을까. 그런 자유로운 청년의 나라를 물려주면 좋겠다.

덧붙이는 말: 인주를 보더니 입술에 바르는 화장품인 줄 알고 앞다퉈 사려 했다던 소련 아가씨들과 아버지는 아무 일도 없었을까? 아버지는 내게 이국 아가씨들과의 로맨스를 말하지 않은 건 아닐까? 어쨌건 부럽다.

매일매일의 선택과 결정이
나를 만든다

20년 넘게 정신분석이라는 일로 사람들을 만나다 보니, 그들에서만 사람을 이해하게 되는 함정에 빠질 때가 있다. 인간의 삶은 무의식이 아닌 다른 어떤 것들에 의해서도 그 형상과 내용이 변화된다. 그런데도 무의식만 붙잡고 있다 보면, 관점과 집중의 균형이 깨지고 어떤 극단으로 빠지는 경우가 있다. 이런 오류를 범해온 정신분석가들을 경책하는 용어가 '심리주의'psychologism다. 환경과 맥락, 경향과 자극 같은 외부 현실의 조건, 정신에서 차지하는 의식의 능력 등을 고려하지 않은 채 행위의 근거를 오직 심리적 동기에서만 찾으려는 태도를 말한다. 심리주의에 대한 지적은 인간을 무의식의 외부 실행자라고만 단정하는 태도를 경계하고자 하는 것이다.

사실 어떤 면에서는 무의식이 행위의 동기를 모두 결정해버린다고 생각하면 참 편리하기도 하다. 그렇게 되면 종종 자신의 의식과 무의식을 따로 분리하여, 본인의 그릇된 행위는 자기 결정이 아니며 통제되지 않는 것에 의한 결과라고 항변할 수가 있다. 가장 흔히 하는 '나도 모르게 그랬다'는 말은, 잘못된 행위의 책임을 경감시키는 손쉬운 핑계가 된다. 흡사 범죄 행위에서 심신미약이 정상참작의 근거가 되듯이 말이다.

정신분석가들은 이런 이유에서 역설적으로 더더욱 무의식에 천착한다. 집요하게 무의식과 사랑에 빠진다. 무의식의 세계를 점령하면 인간의 삶을 홀연히 바꿀 수도 있으리라는 믿음이 잘못되었다는 것조차 모른 채 말이다. 심리주의에 빠져 인간을 제대로 이해하지 못하는 것은 사실 인간의 무의식 세계를 잘 모른다는 것을 뜻한다.

삶을 변화시키는 결행은 명징한 의식 상태일 때 발생하는 것 같다. 카를 융은 "인간으로 살아가는 데 있어서 궁극적인 목적은 인간이 되는 것"이라는 말을 했다. 다양한 해석과 이해의 여지가 있는 잠언이다. 인간만이 할 수 있는 공공선을 위한 의지적 행위, 윤리와 책임 등은 의식의 영역에서 행하는 것이다.

특히 '어떤 인간이 될 것인가' 하는 문제는 카를 융의 '인간 되기'를 완결하는 지점이 될 것 같다. 한 사람을 어떤 인간이 되게 하는 것, 그렇게 만들어가는 것은 또 무엇일까? 나는 '선택과 결정'이 아닐까 짐작한다. 에리히 프롬Erich Fromm도 말했듯이, 작은 선한 결정과 행위의 결과물들이 쌓여 선한 사람을 만들고, 계속된 악한 결정과 행위들이 모여 한 사람의 삶을 악으로 구성하는 경우를 어렵지 않게 본다. 그리고 이런 결정을 하고 나서 박차고 일어나 행위로 옮기는 것이 결행이다. 판단이라는 사고 행위만으로는 충분하지 않기 때문이다. 선한 결행이 많을수록 우리는 선한 사람이 될 것이다.

　나는 인간의 결정에는 두 가지 종류가 있다고 생각한다. '더 나은 결정'과 '올바른 결정'. 그렇게 하면 더 많은 것을 가질 수 있고, 더 힘이 세질 수 있고, 더 으리으리해질 수 있다고 믿는 쪽으로 결정하는 것, 그런 원칙들이 대체로 '더 나은 결정'의 핵심이다. 하지만 '더 나은 결정'은 종종 불행의 씨앗이 되기도 한다.

　'올바른 결정'을 하면 때로 괴롭기도 하지만 적어도 불행해지지는 않는다. 자기에게 더 이로운 결정은 획득과 축적을 구걸하지만, 올바른 결정은 불안과 화해하게 하고 조급해하지 않도록 한다. 때로는 먼 길을 돌아가게 함으로써 더 힘들게 만들지만, 결국 나를 충만한 상태로 만들어준다. 또 올바른 결정은 나의 이득만을 고집하는 것이 아니라 관계를 고려

하고, 당신과 나, 즉 '우리'를 선택한다.

　인간의 행위와 삶은 무의식이 결정할 때도 많지만, 명징한 의식의 결정과 그에 따르는 행위는 우리로 하여금 선한 삶을 꾸려갈 수 있도록 한다. 선한 삶은 의지의 영역이다.

　'나도 모르게'라는 말로 자기 행위의 동기를 무지의 영역으로 돌리는 것은 자신도 알지 못하는 무의식의 세계에 자기 자신을 숨기는 일이다. 이는 올바른 결정을 불가능하게 한다. 궁극적으로 자기 삶을 유기하는 것이다.

한 사람을 읽는 데 한평생이,
한 사람을 잃는 데 또 그만큼이 걸린다
—'사랑'과 '로맨스'에 대하여

어떻게
애도하셨나요?

중년의 '로맨스'에 대하여 영화 《은교》를 통해 이야기해달라는 청탁을 받았다. 왜 중년의 '사랑'이 아니라 '로맨스'였을까? 사실 로맨스를 말하고자 하면 수많은 영화와 예술 작품을 가져올 수 있지만, 사랑을 말하기 위해 가지고 올 만한 작품은 그보다는 적은 것 같다.

박범신의 동명 소설을 원작으로 한 《은교》는 열일곱 살 소녀의 젊음과 관능에 매혹된 노시인의 욕망을 다룬 영화로 알려져 있다. 그런데 엄밀히 말하면, 노시인 이적요의 노욕은 은교를 향한 것이라기보다는 젊고 매력적인 제자 서지우를 자신의 아바타로 붙들어두려는 데 있었다. 심지어 은교와의 섹스까지도 서지우를 아바타로 내세워 대신하게 한다.

이적요의 '은교'는 열여덟 살 누이였다. 6·25전쟁의 와중에 그를 죽음의 위기에서 구해준 누이 말이다. 은교를 이적요의 욕망의 대상이라고 말하는 것은 단편적인 이해다. 현실의 열일곱 살 소녀 은교를 통해 50년도 더 지나 그의 누이가 복원된 것이다.

사실 '은교'는 우리 주변에 흔히 있다. 은교는 헐떡이며 말한다. '여고생이 남자와 자는 이유는 외로워서'라고. 그런데 외로워서 남자와 자는 여자가 여고생뿐일까? 아직 열일곱 살 정도의 미성숙 상태에 머물러 있는 40~50대 여성들이 많이 있다. 그녀들의 이유도 은교와 같다. 물론 그녀들을 외로운 상태에서 구할 능력도, 의사도 없는 남성들이 그녀들 옆에 꼭 한 명씩은 있게 마련이다.

재능은 부박한데 욕망은 차고 넘치는 서지우도 많다. 너무 많다. 당신이 속한 직장에, 학교에, 단체에, 심지어 동문회나 동호회에 꼭 여러 명 있다. 적어도 바로 당신! 사르트르가 말했다. "타인은 지옥이다." 무릎을 치며 '그래, 너희들이 지옥이야' 할 때, 나를 제외한 모두의 손가락이 나를 향할 수도 있는 것이다. 내가 바로 타인의 타인이다. 멀리 가지 말자. 그래서 은교도, 서지우도 둘 다 지겹다. 매일 반복 상영되는, 다름 아닌 우리의 삶이다.

다행히 이적요는 소설과 영화의 인물이기에 우리와는 좀 멀리 있다. 그래서 그를 통해 '욕망'을 들여다보는 일은 안전하다. 게다가 그는 늙었다. 하지만 문인으로서 자기 영역에서의 권력은 막강하다. 그가 가진 집과 안정된 노년의 삶은 누구라도 꿈꿀 만하다. 우리가 향하는 욕망의 소실점과 일치하는 자리에 그가 있다. 그런 이적요가 욕망한 것은 무엇일까? 젊음을 붙잡아두고 싶어 했음은 분명하다. 그런데 은교를 통해 이루려 한 것은 아니다. 그는 은교와 섹스를 하면 다시 젊어질 수 있다고 믿을 만큼 어리석은 노인이 아니다. 오히려 그는 다른 부분에서 좀 더 많이 어리석었는데, 포기하지 않은 것이 있었기 때문이다. 이적요는 서지우를 포기하지 못하고, 그의 몸과 이름을 빌려 세상에 영생하고자 했다. 비존재로의 전락에 대한 두려움을 견딜 수 없었으리라. 서지우는 이적요의 그림자였고, 이적요 또한 서지우의 그림자였다.

앞에서 말했듯, 이적요에게 은교는 열여덟 살 누이였다. 그래서 이적요는 은교에게 어떤 성적인 접촉도 할 수 없었고 끝내 하지 않았다. 그를 죽음에서 지켜낸 누이의 절박함과 간절함이 그의 몸으로 녹아 들어와 몸에 잠겼고, 그는 그것을 50년 동안 품고 살았다. 은교는 이적요의 스무 살을 소환하는 하얀 깃발이다. 동백꽃잎 색깔의 웃음, 일깨우는 바람소리다. 마지막 장면에서 이적요가 은교를 향해 "잘 가라 은교야"라고 토해내는 순간, 마지막으로 이적요는 자신의 삶을 구성했던 가장 중요한 한 사람을 읽었고, 또 그를 잃었다. 그 것이다. 인생이란 자신을 읽는 데 한평생, 그리고 그것을 잃는(애도하는) 데 또 그만큼의 시간이 걸린다. 타자였던 그(녀)가 어떤 이유로 내 안에 들어와 수십 년의 시간이 흐르는 동안 연리지처럼 나와 얽혀 또 다른 나를 만들고 나를 요동치게 했던 것들, 그것에 대한 애도, 그리고 그것을 애도하는 나의 아픔에 대해 말하는 것이다. 내 삶의 한 시간에 결절結節을 만들었던 그(녀)를 당신은 어떻게 애도했는가?

여기서 무엇을
찾고 있습니까?

영화 《은교》를 보고 나서 우화 하나가 생각났다.

한 사람이 가로등 밑에서 무언가를 찾고 있었다. 길을 가던 사람이 다가가 물었다.

"무엇을 찾으세요?"

"지갑을 찾고 있습니다."

"여기서 잃어버리신 모양이죠?"

"아뇨, 지갑을 잃어버린 곳은 저기 골목 끝 후미진 곳입니다."

"네? 그럼 지갑을 거기에서 찾아야지, 왜 여기서 찾고 있습니까?"

"거기는 어두워서 보이지가 않소."

우리는 넘어진 그 자리에서 일어나려 하지 않고 자꾸 뒹굴기만 한다. 실패한 그 자리에 답이 있는데 말이다. 잃어버린 곳에서 찾지 않는 바보스러움.

하지만 그 정도까지만 말한다면 절반만 이야기한 것이다. 지갑을 잃어버린 그 사람은 정말 지갑을 찾고 싶었을까? 어두운 골목 끝 후미진 곳에 가야 지갑을 찾을 수 있다는 것을 정말 몰랐을까?

당연히 그는 밝은 가로등 아래에 지갑이 없다는 것을 안다. 다만 그는 두려운 것이다. 무엇이 두려운 것일까? 지갑을 찾았는데 지갑 안에 돈이 한 푼도 없으면 어떻게 하지? 어쩌면 돈은 처음부터 없었을지도 모른다. 그러나 지갑을 찾는 시늉은 해야 한다. 그것이 지갑에 대한 예의, 아니 자기 삶에 대한 변명이라도 챙기는 것이니 말이다. 의심을 더 밀고 나아가보자. 어쩌면 그는 지갑을 잃어버리고 싶었는지도 모른다. 실수는 무의식의 본심이다. 돈이 없는 지갑을 일부러 잃어버리고 엉뚱한 가로등 밑에서 열심히 찾으며, 자신은 지갑을 잃어버려 돈이 없고 그 돈을 찾기 위해 이렇게 열심히 살고 있다고 항변한다. 이 상황을 모두 자신이 만들었지만 그 진실에 대해서 최선을 다해, 정성을 다해 모른 척하고 있다. 나는 우리의 '무지에 대한 열정'이 실은 '로맨스'와 그리 멀리 있지 않다는 것을 말하고 싶다.

로맨스에는 있고
사랑에는 없는 것?

'불륜', 배우자가 있는 중년의 로맨스를 달리 일컫는 말이다. '윤리가 아니다'라는 뜻의 이 말은 사실 의미가 없다. 우리의 혼인 제도가 일부일처제에서 일부다처제나 일처다부제로 바뀌면 불륜의 정의도 달라지게 된다. 수십 년 동안 좌측 보행을 하라더니 어느 날부터 우측 보행을 해야 문화인이라고 헛소리를 해대는 빅브라더도 있지 않은가. 우리가 어떤 사회적 혼인 관계를 지지하느냐는 입장은 바뀔 수 있다. 아니나 다를까 간통죄도 없어졌다. 실체가 모호한 타인들이 들이대는 윤리에 대해서는 어떤 이의 말마따나, "쫄지 마!" 중요한 건 우리의 로맨스다.

로맨스는 무엇으로 이루어져 있는가? 기본은 에로스다. 중년의 로맨스를 경험하는 사람들은, 혈기 왕성함으로 치자면 욕구를 통제하기 어려운 20대보다 훨씬 더 빠른 속도로 육체적 결합을 한다. 놀랍지 않다. 로맨스는 아다지오Adagio 나 라르고Largo로 흐르던 피를 매우 빠르게Molto Allegro 돌아가게 한다. 어느 순간 심장의 메트로놈이 제 속도를 이기지 못하고 멈춰버리기도 한다. 이것이 아주 중요하다. 내 육체를 살려낸 사람. 이것만으로도 그(녀)를 잃고 싶지 않다(당분간은 말이다).

중년의 정신은 경박하고 천박해지나, 몸은 비후肥厚해진다. 술, 담배, 회식과 과도한 업무에 몸은 찌들어간다. 늙음과 죽음의 불안은 가까워지고 젊고 건강한 몸뚱이는 멀어진 거 같다. 그럼에도 불구하고 스스로를 일으켜 세워 운동하고 관리할 생각은 않으면서, 이성과의 '스킨십'을 통해 '혈액 순환'을 꾀한다? 지갑 잃은 자와 다를 바 없다!

OECD 회원국으로 대표되는 이른바 선진국의 인간들이 우울감을 가장 깊이 느낀다는 나이 43.4세. 불면, 식욕 저하, 의욕 상실, 결정하길 주저하는 우유부단함, 상황에 부합하지 않는 죄책감, 장래에 대한 불안. 이제 부모는 세상을 뜨고 내가 제주가 되어야 한다. 아이들은 사춘기라는, 인간과 짐승의 어중간한 지점에서 악다구니를 써대니 바야흐로 '사춘기'와 '사추기'의 전쟁이다.

나이 50이 되어도 이놈의 인생은 나아지지 않는다. 노후 대비를 위해 먼저 자녀들의 밥벌이를 시급하게 해결해줘야 한다. 그렇지 않으면 저놈들이 언젠가 내 퇴직금에 침을 바르거나 내 집을 담보로 돈 내놓으라고 눈을 흘길지 모른다. 이런 일은 이미 1997년 IMF 구제금융 사태와 2007년 경제 위기를 지나며 10년 주기로 겪어본 엄중한 현실이다.

그렇다. 사랑에는 없지만 로맨스에는 반드시 있는 것이 '불안'이다. 좀 더 나아가면 '공포'다. 늙음에 대한 불안, 암과 성인병과 돌연사의 지뢰가 널린 일상, 이대로 끝날지도 모른다는 불안과 공포, 그것으로부터 로맨스는 기름 부음을 받는다. 기름 부음이란 성스러운 축복의 행위다. 로맨스를 행하는 자들은 그것에 값진 의미를 부여하고 자기 삶의 기름 부음으로 여기겠지만, 사실은 그 불안과 공포가 불꽃을 점화시키는 휘발유가 된다. 하지만 로맨스의 발화점은 이적요의 누이처럼 수십 년 전부터 품고 있던 작지만 살아 있는 불씨다.

언제 어디선지 모르지만 잃어버렸고, 지금은 꿈도 꾸지 못할 사적私的 공간과 시간. 그것을 잃어버린 자들에게 로맨스는 사적 삶을 가능하게 한다(요즘 아버지들은 마음 편히 마스터베이션할 장소는커녕 담배조차 마음 놓고 피울 공간이 없다. 아들들은 자기 방에서 마음 놓고 할 수 있는데 말이다). 로맨스는 그래서 총체적 불안과 불만이 일으키는 불꽃이 아닐까 싶다. 지갑을 잃은 자가 사실은 지갑을 찾고 싶지 않은 그 이유로 엉뚱한 곳을 헤매듯이, 자기 삶의 불안을 희석시키고자 하룻밤의 불꽃놀이에 넋을 놓고 있는 것은 아닌가.

사랑에는 있고
로맨스에는 없는 것?

결론부터 말하면 '책임'이다. 남자건 여자건, 즉 누군가의 남편이건 아내건 그들이 배우자 이외의 다른 사람에게 몸과 마음을 줄 때, 그들이 어디까지 책임을 지는 사람인지 보게 된다. 죄책감은 이 상황을 설명해줄 중요한 감정이다. 여성은 자신의 외도(편의상 이렇게 부르겠다)에 대해 죄책감을 크게 느끼지 않는 경향이 있다. 물론 처음에는 남편에게 어느 정도 미안함을 느끼지만 몸과 마음의 사랑(?)이 깊어지면 죄책감은 그리 중요한 감정이 아니게 된다. 남편과의 관계에서 정서적인 기대를 완전히 거두어버린 여성은 물론, 여전히 나쁘지 않은 관계를 유지하는 여성도 대체로 죄책감을 중요한 갈등으로 상정하지 않는다. 분명히 밝히지만, 이들이 죄책감을 가지지 않음에 대해 질책 비슷한 것조차도 할 권리가 필자에겐 없다. 하지만 그래도 죄책감을 느껴야 하지 않느냐고 묻는다면, 솔직히 좀 그래야 하지 않겠느냐고 답하겠다.

애인을 가진 기혼 여성은 대체로 자신의 외도가 가정을 지키는 데 크게 일조한다고 말한다. 외도가 가정을 지켜주는 버팀목이라고 서슴없이 말하기도 한다. 외도가 과연 가정을 지키는 일인가, 아닌가? 애매하고 모호하기 짝이 없다. 그들의 인생만큼이나 말이다. 자신이 일부일처제를 지지한다는 것을 한 번도 의심해본 적 없지만, 현실은 일처다부제(남성에게는 일부다처제)의 삶을 사는 그들은 그저 혼란스럽다. 남편이 아닌 다른 사람과 육체적·정서적 혼인 관계를 유지하는 아내 중에서 남편과 법률적 관계를 끝내겠다고 하는 사람은 상당히 희귀하다. 이들에게 책임을 묻는다면, 이미 너무나 많은 '희생'을 했다고 항변할 것이다. 이들은 희생을 말하지만 책임에 대해서는 알고 싶어 하지 않는다. 남편과 애인에게 그악스럽게 의존하고 있다는 것을 그들은 모른다. 최소한의 책임으로 최대한의 의존을 거래한 사람들에게 책임을 운운하기란 어려운 일이다.

그러면 남성은 죄책감을 많이 느끼고 있느냐고, 죄책감에 시달리면서 왜 그 짓(이른바 외도)을 하느냐고 묻고 싶을 것이다. 물론 죄책감도 전혀 없이 룸살롱 도우미와 2차 나가는 구려터진 아저씨들도 많다. 그건 성매매이니 논외로 하자.

또 하나, 소위 상습적 바람둥이도 빼야 할 것 같다. 그들은 그냥 강박적 자기애 환자이자 그저 동물과 인간의 경계에서 사는 수컷이니, 여기서 다루기에는 적당하지 않다.

대부분의 남성은 오히려 이 죄책감 때문에 일을 그르친다. 작게는 자신의 외도가 아내에게 발각될 단서를 무의식적으로 흘리는 것에서부터, 과도한 죄책감 때문에 오히려 정작 중요한 책임을 지지 못하는 것에 이르기까지, 남성의 죄책감은 터무니없을 때가 많다. 물론 남성 중에서도 소위 '가정을 지키기 위한 외도'를 하는 경우가 있다. 그래도 이들이 느끼는 죄책감의 지수는 여성보다 현저히 높은 것 같다. 노심초사, 전전긍긍, 들키는 것에 대한 불안, 한 번이라도 더, 잠시라도 더 애인을 만나고 싶다는 간절함, 이러한 것과 정비례하는 만큼의 죄책감이 그들에게 있다. 그 죄책감이 자녀에게까지 이르면 오히려 더 겁먹고 자녀로부터 멀어진다.

호기롭게 아내와 결별하고 사랑(?)하는 그녀와 새출발을 했다고 해서 가족에 대한 책임과도 결별할 수 있는 것은 아니다. 진정으로 그 여성을 사랑한다면 자기 삶에 대해 힘닿는 한 완전한 책임을 져야 한다. 경제적으로, 정서적으로, 끝까지 자녀들의 의지처가 되어야 한다. 그렇게 자기 삶에 대해 책임지지 못한다면, 그것은 그냥 환상적 로맨스로 입장해서 평생 어린아이로 남는 셈이다.

빈 지갑, 그렇다. 그가 로맨스가 아니라 사랑을 하기로 작정했다면 그의 지갑은 빈 지갑이 될 확률이 높다. 누군가를 책임진다는 것은 결국 시간과 돈을 필요로 하지 않나. 그래서 많은 이들이 자기 삶을 빈 지갑으로 만들지 않기 위해 사랑 대신 이른바 로맨스를 하는 것 같다.

로맨스가 '청춘'보다는 '중년'이나 '황혼'이라는 단어와 더 잘 어울리는 이유는, 로맨스가 대체로 환상과 연결되어 있기 때문이다. 환상은 욕망의 스크린이며, 욕망은 어떤 결핍에서 비롯된다. 그 결핍은 대체로 존재에 대한 인정이라는 환상과 연관된다. 신체적·정신적 존재 인정이 연애의 숨은 의도라면 로맨스라고 부를 만하다.

문제는 가로등 불빛이 비추는 그곳에서처럼, 로맨스의 욕망이 비추는 그 환상의 대상인 그(녀)는 결코 우리에게 지갑을 되찾게 해줄 수 없다는 것이다. 이제 짐작하시겠는가? 그 빈 지갑은 바로 우리 내면의 상징이라는 것을. 비어 있다고 믿고 있기에(사실 비어 있는지 아닌지 아직 모른다) 확인하기가 더 두려운, 우리의 내면 말이다. 화려할수록 공허한 불빛 아래서 지갑을 찾는 일이나, 욕망을 상영하는 색색의 텅 빈 빛으로 명멸하는 로맨스의 환상은 그 허망함에서 같은 것이다. 차라리 지갑이 정말 비어 있는지 확인하고 인정하는 그 지점에서 우린 다시 시작할 수 있다.

당신의 연애는
사랑인가, 로맨스인가

중년의 당신이 만약 로맨스에 빠졌다면, 로맨스의 대상인 그(녀)는 당신의 무엇을 욕망하게 했는가를 보자. 이를테면 남성의 경우 미처 이루지 못한 첫사랑의 애절함일 수도, 동생만 예뻐하고 나는 결코 사랑해주지 않았던 어머니를 향한 애증의 마음일 수도 있다. 전학 간 첫날 수업 준비물을 빌려주던 짝꿍 여자아이는 아니었을까? 너무 고귀해 보여 가까이 갈 엄두도 낼 수 없던 교회 대학생 누나는 아니었을까? 당신의 무뚝뚝함을 일거에 녹아내리게 하는 여성성의 화신은 아니었을까?

당신이 욕망하는 그것은 바로 당신의 결핍이고 왜곡이며 내적 허기의 현신이다. 아직 읽어내지 못한 당신의 어떤 과거를 눈앞에서 똑똑히 목격한다고 생각하면 된다. 잃고 싶지 않은 그것은, '기회'다. 늙어가고, 죽어가고, 그래서 이제 '기회'에 대한 절박함이 턱까지 차오르면 욕망은 더 은밀해지고 간절해진다. 죽어도 좋아, 이런 감정은 아주 충동적이고 단

말마적이지만 로맨스의 기본이기도 하다.

그악스러울 정도로 사랑의 진실을 말하는 영화 한 편을 소개한다. 아티크 라히미 감독의 《어떤 여인의 고백》이다. 표면적으로 보자면, 전쟁에서 식물인간이 되어 돌아온 남편이 아내의 정성 어린 간호로 의식을 회복하는 이야기다. 언뜻 순애보로 보이지만 실상은 끔찍하다. 남편은 아내가 결혼 생활 내내 숨겨왔던 은밀한 이야기를 듣고서야 깨어난다. 영화는 복수 이야기도 아니고, 치정극도 아니다. 결혼이라는 제도 안에서 한 인간이 감당해야 했던 고통과 그것을 극복해내는 과정을 담고 있다. 한편에게는 살아남기 위한 투쟁의 과정이 다른 한편에게는 어떻게 배신의 역사가 되는지 보여준다. 영화는 삶의 진실이란 사실 표현되기 가장 어려운 것으로서 목숨을 걸고 고백해야 할 만한 것임을, 그리고 목숨을 걸고 고백할 때에야 진실을 숨긴 돌을 깰 수 있다는 것을 생생히 증언한다.

진실을 실현할 때 우리는 언제나 죽음에 비견할 만한 고통을 통과한다. 진실은 물론 그 고통을 품고 있다. 사랑이란 사뭇 이런 것이다. 자기를 완전히 던지지 않고는 작은 실오라기 정도의 사랑도 영접할 수 없다. 자신을 온전히 읽어내고 남편에게 그 이야기를 가감 없이 들려줌으로써 지난 삶을 정결히 애도하는 여인이라면, 사랑의 실행자라는 호칭을 가져도 좋겠다.

　마무리하자면 이렇다. 이렇게 자신을 읽어내고 또 그렇게 삶을 애도해낼 수 있다면 로맨스라 한들 뭐가 나쁠까. 그러니 원한다면 할 수 있다. 자크 라캉Jacques Lacan의 말을 빌려 말하고 싶다. "사랑은 내게 없는 것을 내가 원하지 않는 사람에게 주는 것이다." 이것이 가능하다면 당신의 연애를 로맨스라 부르든 사랑이라 부르든 상관없지 않겠는가?

2

가족,
가까운 만큼 어려운

부모란
무엇인가?

"모든 정신분석가는 자신의 내담자를 가장 훌륭한 부모로 만들려고 한다. 왜냐하면 분석가 자신이 훌륭한 부모를 가져본 적 없기 때문이다." 오래전 필자가 분석을 받을 때 나의 분석가가 세션 중에 한 말이다. 반박할 도리가 없는 말이었다. 나 또한 훌륭한 부모를 가져본 적이 없다.

나 같은 그저 그런 분석가뿐 아니다. 카운슬링counseling이라는 단어를 창안한 인본주의 심리학의 창시자 칼 로저스Carl Rogers도 그랬던 것 같다. 심리학자로서 큰 업적을 이룬 말년의 그는 한 인터뷰에서 "당신의 어머니가 당신이 지금까지 이룬 이론과 업적을 알게 된다면 뭐라고 하실까요?"라는 질문을 받자, "그 사람은 들으려 하지도 않을걸요"라고 답했다 한다(그래서 로저스가 경청을 그리도 중요하게 강조했나 보다).

마르크스도 있다. 엥겔스가 마르크스의 고향을 지나다가 그의 집에 들러 어머니에게 인사드리고 당신의 아들 마르크스가 『자본론』을 써서 크게 유명해졌다고 하자, 마르크스의 어머니는 "제 자본이나 잘 돌보지"라고 비아냥댔다고 한다.

상담자가 그들 앞에 앉은 사람들을 모두 훌륭한 부모로 만들려는 데는 더 중요한 이유가 있다. 상담자와 마찬가지로 내담자 역시 훌륭한 부모를 가져본 적이 없다(사실 대부분의 부모는 훌륭하지 않은 것 같다. 다만 우리가 훌륭하다고 믿고 싶을 뿐이다). 부모로부터 상처받은 자식이 그의 부모와 동일한 위치로 이동하는 경우는 어렵지 않게 볼 수 있다. 가족 역사를 되풀이하지 않고 그 연쇄를 깨트려 훌륭한 부모로 성숙할 수 있도록 함께 최선을 다하는 것은 상담자와 내담자로만 국한할 일이 아니다. 내가 보기에 이 논의에서 자유로운 부모와 자식은 거의 없다. 자식은 부모의 어떤 행위와 태도 때문에 평생의 고통을 적어도 하나씩 감당하며 살기 마련이다.

정신분석가와 상담자만큼 이런 부모의 독선과 폭력, 만행과 무지함에 대한 이야기를 직업적으로 자주 듣는 사람도 드물다. 그래서 '훌륭한 부모란 어떤 부모일까?' 수도 없이 자문하고 또 질문받기도 한다. 질문의 거창함에 견줘 대답은 옹색해 보일지 모르지만, 필자는 이에 대한 몇 가지 답이 있다.

그중 하나는 이것이다. 신경질(짜증, 화) 내지 않는 부모다. 자녀를 감정의 쓰레기통으로 여기고 온갖 악감정을 쏟아내는 어머니, 자녀를 폭행함으로써 자신의 좌절과 열등감을 푸는 아버지의 이야기는 인류의 고전이다.

프란츠 카프카의 『아버지에게 드리는 편지』는 아버지를 고발한 글로 유명하다. 카프카는 아버지의 무지와 무례함, 무식과 우악스러움에 진저리를 쳤다. 결국 그가 크게 상처받고 평생 '변신'의 환상으로 숨어들게 된 것은 아버지의 화와 신경질로 영혼에 화상을 입었기 때문인 듯하다.

세상에는 대표적인 거짓말이 몇 가지 있는데, "세상에 자식을 사랑하지 않는 부모는 없다"라는 말도 추가해야 할 것 같다. 그렇게 사랑한다면서 왜 짜증과 화는 아이들에게 부릴 대로 다 부리는가. 밖에 나가면 좋은 인간인 척은 다 하면서! 사랑한다면, 행여 사랑하지 않는다 하더라도 자식들에게 신경질, 짜증, 화는 가급적 내지 말자. 당신의 자식들이 카프카처럼 영혼에 화상을 입을 수도 있다. 알프레트 아들러 Alfred Adler가 말했다. 격려하기의 절반은 좌절을 방지하는 데 있다고. 좋은 부모 되기의 절반은 신경질, 짜증, 화를 내지 않음으로써 가능하다. 모든 신경증은 대물림된다. 자식은 부모의 증상이다!

엄마로부터
독립하지 못한 남자들

많은 한국 남자가 생각조차 하지 않는 문제가 하나 있다. 자신과 엄마의 관계다. 이 문제는 장가들고 나서 아내라는 존재로 인해 확연히 부각된다. 사회적 지위의 높낮이, 배움의 많고 적음, 인성의 품격, 이런 것들과 상관없이 상당수 남성이 엄마와의 관계에서 청맹과니가 된다. '엄마'를 극복하지 못하고(그래야 한다는 생각도 못 하고), '세상에서 가장 불쌍한 우리 엄마' 품에 안겨 사는 남자가 너무 많다. 그들이 과연 성인 여성과 짝을 이루어 독립된 가정을 꾸리는 것이 애당초 가능한 일일까 싶다.

어느 여성의 이야기다. 그녀는 집안일에 육아는 물론이고 성질 사나운 시어른들 비위 맞춰가며 시가의 대소사를 다 처리하고, 심지어 맞벌이까지 하며 박봉을 아껴 몇 년 만에 천만 원을 모았다. 그것을 어찌 알고 시어머니가 숨넘어갈 듯이 들이닥쳐 급히 (빌려)달란다. 안 (빌려)주면 큰일 날 것 같아 그리했다. 온갖 궁상 떨어가며 모은 그 돈을 가져간 시어머니는 한두 해가 지나도 돌려줄 생각이 없어 보였다. 그러다 어느 날 말끝에, 그 돈으로 산삼을 사서 먹었다는 얘기를 실토했다. 돈 (빌려)달라고 할 때 얼른 드리라고 옆에서 부채질하던 남편도 그 자리에 있었다. 며느리는 차마 시어머니에게는 화를 못 내고, 안방으로 들어와 남편을 붙잡고 하소연했다. 그런데 남편은 자신이 얼른 돈 드리라고 종용했던 사실조차 기억하지 못하다가, 아내가 계속 추궁하자 "너는 우리 엄마가 불쌍하지도 않냐, 뭐 그런 걸로 화를 내냐"라며 아내를 속 좁은 여자 취급을 하고는 나가버렸다. "어머니 살날이 얼마 안 남았으니 우리가 더 잘해야 하지 않겠느냐"라는 당부와 함께 말이다. 남편은 매사 이런 식이었다. 애정의 축이 어머니에게 붙박인 남편에게 아내는 결국 마음이 식었다.

　한 남성의 이야기다. 마음이 힘들 때면 엄마에게 달려가 위로를 얻는단다. 내가 물었다, 어머니는 당신에게 무엇이냐고. 그의 답은 명료했다. "집이죠!" 비집고 올라오는 진심의 말을 참을 수 없었던 것 같다. 엄마가 집이면 아내는 무엇이냐고 다시 묻자, 조금 더듬으며 "엄마는… 큰집이죠"라고 말했다. 옆에 있던 아내의 실망한 표정을 그는 차마 바로 보지 못했다.

직장 다니는 아내가 몇 년째 실직 상태인 남편을 옆자리에 태운 채 주말에 몇 시간이나 운전해서 시가까지 왔다. 그런데 시어머니는 오는 내내 잠만 잔 아들 얼굴을 쓰다듬으며 연신 "내 새끼 얼굴이 반쪽이네"라며 안쓰러워하고, 그런 엄마를 아들은 애틋한 눈으로 바라본다. 그리고 그런 모자를 보는 아내….

엄마로부터 독립하지 못했으나 육체적으로 장성한 이 남자들은, 좀 세게 말해 '섹스해주는 엄마'를 찾는 것 같다. 이 '엄마'가 심지어 돈까지 벌어오면 더 좋다. 당연히 아이도 낳아 길러주고 말이다. 명절이면 얼굴 한 번 본 적 없는 조상들을 위해 하루 종일 음식도 한다. 하지만 세상에 남자들이 기대하는 그런 '엄마'는 없다. 왜냐하면 그녀들은 '아내'이기 때문이다. 결국 이 지질한 남자들은 '엄마'를 찾아 '큰집'으로 돌아간다.

명절을 쇤 다음달이면 이혼 신청률이 평소보다 최고 20퍼센트 가까이 급증한다고 한다. 한국 사회의 한 증상이며, 시가가 성인 남녀의 혼인 관계에 치명적 영향을 끼친다는 명백한 증거다. 이런 경우 여성들은 자신이 혼자 육아도 하고, 돈도 벌고, 명절에 하루 종일 지짐이도 부쳐야 해서 이혼을 하자는 것이 아니다. 심리적·정서적으로 장성한 한 남자의 여자이자 아내로 대접받지 못해서다. 사실 자신의 남편이 제대로 성숙한 한 남성이 아니라는 사실을 알아버렸기 때문이라고 하는 것이 더 정확하겠다.

어쨌건 상담실이 바빠지겠다. 우스갯소리를 하나 하자면, 상담사들은 가정의 불화를 위해 기도한다. 더 정확히는 남성들이 계속 엄마로부터 독립하지 않기를 바란다. 그래야 문전성시를 이룰 테니 말이다. 물론 농담이지만, 좀 웃프다.

덧붙이는 말: 이 글을 발표한 직후 직업이 상담사인 독자를 포함해 여러 사람에게 항의성 메일을 받았다. 그들은 내가 상담을 폄하했다고, '섹스해주는 엄마'라는 표현이 너무 불쾌하고 동의할 수 없다고 강변했다. 또 상담사는 '가정의 불화를 위해 기도한다'라는 표현이 많이 불쾌하다고도 말했다. 하지만 그들이 불쾌해하며 항변한 말 중에서 나로 하여금 이 글을 돌아보게 하는 내용은 없었다.

부모는 왜 자식에게
만족하지 않을까?

한 아이가 있었다. 4학년에 올라가 치른 첫 수학 시험에서 40점을 받았다. 엄마는 화를 내며 아이를 닦달했다. 아이도 엄마에게 미안해서 정신 차려 공부를 해야겠다고 생각했다. 방문 학습지를 열심히 풀고 학원도 다녔다. 다음 시험에서 아이는 80점을 받았다. 아이는 기쁜 마음으로 달려와 "엄마, 나 80점 받았어"라고 소리쳤다. 하지만 엄마의 반응은 그리 밝지 않았다. "거봐, 너 하면 되는데 왜 안 했어. 근데 왜 다섯 개나 틀렸어? 너 정신 안 차리고 시험 쳤지?" 아이는 풀이 죽었지만, 또 열심히 공부를 했다. 다음 시험에서 아이는 96점을 받았다. 이 정도면 충분하리라 생각한 아이는 신발도 채 벗지 않고 현관에 서서 엄마에게 자랑했다. "엄마, 나 96점! 짜잔." 하지만 엄마는 냉담했다. 시험지를 낚아채 훑어보고는 말했다. "너 한 개 이거 왜 틀렸어? 이거 전에 학습지에서

풀어본 문제잖아. 너 정말 정신 안 차릴래?" 아이는 엄마를 또 실망시켰다는 생각에 마음이 힘들었다. 하지만 다시 이를 악물고 공부한 그 아이는 다음 시험에서 기어코 100점을 받았다. 이제는 정말 의심 없는 기쁨에 겨워 엄마에게 시험지를 내밀며 100점임을 알렸다. 이번에 엄마는 이렇게 말했다. "이번 시험은 쉬웠는가 보지? 너희 반에 100점 받은 아이 몇 명이야?"

공부 얘기를 하자는 것이 아니다. 아이에게 '너로 인해 내가 만족했다'는 메시지를 결코 주지 않는 부모에 대한 이야기, 아이가 어떻게 자신을 열등한 존재로 여기게 되는지에 대한 이야기다.

노모의 생일을 앞둔 지영 씨(가명)는 또 마음이 무겁다. 지영 씨가 사드리는 물건을 엄마는 한 번도 좋다고, 마음에 든다고 칭찬한 적이 없다. 비싼 화장품을 사드리면 피부에 맞지 않는다고 하고, 고운 색의 옷을 사드리면 디자인이 마음에 안 든다고 했다. 고민 끝에 현금으로 드렸더니, 너는 엄마 생일에 성의도 없이 고작 돈 몇 푼 던지고 가느냐며 타박했다. 그런데 아직도 백수로 사는 남동생이 선물한 싸구려 립스틱 하나에 대해서는 5년이 지난 지금까지도 마음에 쏙 드는 걸 사가지고 왔다며 우려먹는다. 명절이나 생일은 물론이고 춥거나 더울 때면 신경 써서 챙겨드리지만, 어머니는 지영 씨가 사 오는 선물이나 만들어 오는 음식 등이 마음에 든다고 말한 적이 거의 없다. 하지만 어렵사리 들어간 지방대학을 7년 만에 졸업하고 아직도 변변한 직장도 없는 아들은 어머니에게 세상없이 귀하고 눈에 넣어도 아프지 않은 존재다. 지영 씨가 부모님께 드린 용돈은 모두 그 아들에게 건너간다. 존재하기만 해도 사랑받는 남동생과 달리 지영 씨는 언젠가부터 아무리 노력해도 존재 증명을 하지 못하는 것 같다는 좌절감을 느끼게 되었다.

(많은) 부모는 자식으로 인해 자신의 삶이 만족스럽다는 메시지를 주지 않는다. 자식 때문에 삶이 고통스럽고 엉망이 되었다는 메시지는 명확하게 주면서 말이다. 여러 가지 이유가 있겠지만 이 글에서는 한 가지만 말하고자 한다. (많은) 인간은, 좀 잔인한 이야기지만, 상대가 원하는 바로 그것을 주지 않는다. 그래야 그 상대를 더 손쉽게 통제하고 복속시켜 상대로부터 더 많은 것을 얻어낼 수 있기 때문이다. (많은) 자식은 평생 부모에게 인정받고자 애쓴다. 사랑받기를 원하는 자식, 인정받기를 원하는 자식에게 바로 그것을 주지 않으면 자식은 그것을 위해 더 노력할 것이다.

그런데 (많은) 부모는 왜 자식을 이렇게 복속시키려 하는 걸까? 답은 간단하다. 자식이 떠날까 봐 두려워서다. 그러니 사실 이들 부모는 약한 존재인 것이다. 그래서 '약한' 인간이 '악한' 인간이 된다. 물론 모든 약한 인간이 악한 인간이 되는 것은 아니다. 사람은 자신의 약함을 타인을 착취함으로써 보상받으려 할 때 악한 인간이 된다. 사실은 깊이 의존하고 있는 것이다.

　더 슬픈 것은 이 약한 부모에게 인정받고 사랑받으려 노력한 자식이 부모가 되면 그들의 부모와 그리 달라지지 않는다는 점이다. '약한' 부모를 둔 자식이 커서 '악한' 부모가 되는 악순환이다.

막내는 가족의
중력을 버틴다

장남이나 장녀가 들으면 섭섭해할 수 있는 말이지만, 많은 가정에서 막내가 그 가족을 지켜내는 역할을 맡는 경우를 흔히 본다. 여기서 '지킨다'는 말은 아주 다의적이다. 가족을 지키는 방식이 다양하기 때문이다. 부모를 대신해 동생들을 챙기고 보살피며 자기 삶도 없이 살아온 어떤 장남·장녀들은 동의하기 어려울 것 같다. 하지만 막내와 달리 장남·장녀는 가족의 자원을 집중해서 지원받기도 하고, 동생들을 돌보는 의무에 포함된 권력과 권한도 함께 누릴 수 있다.

『정의란 무엇인가』로 유명한 마이클 샌델 교수의 하버드대 강의 영상 중에 이런 부분이 있다. 그의 명강의를 듣기 위해 강당을 가득 채운 수백 명의 학생들에게 샌델 교수는 질문한다. "가족의 자원을 누가 가장 많이 사용할까요? 지금 여기 앉아 있는 미국, 아니 세계 최고의 대학인 하버드대 학생 여러분 중에서 장남이나 장녀인 사람은 손을 들어보십시오.” 그러자 적어도 3분의 2 이상이 손을 들었고, 이에 모두가 놀랐다. 미국 사회에서조차 장남·장녀에게 가족의 자원이 쏠린다는 증거였다.

물론 가족을 돌봐야 한다는 장남·장녀의 책임감이 사회적 습성으로 드러난다는 증거도 있다. 몇 년 전 나는 한 광역시의 사회복지사들을 대상으로 어린 시절 가족 내 역할 부담이 개인의 성격과 사회적·공적 행위에 미치는 영향을 설명한 적이 있다. 이때 형제자매가 있는 사람들 중에서 장남·장녀인 사람은 손을 들어보라고 했더니, 250명 정도 되는 수강생 중에서 약 200명이 손을 들었다. 가족 내 역할에서 비롯된 돌봄의 심리적 습성이 직업적 행위로까지 발전된 하나의 예시였다.

이 두 가지 예시를 일반화하려면 더 많은 연구가 있어야 하겠지만, 장남·장녀의 한 특성을 드러내는 데는 충분한 것 같다. 가부장제 사회에서 장남은 가족을 대표해 가문을 계승하고, 장녀는 가족을 돌보며 어머니와 동격의 권한을 누리기도 했다(예전에 많은 아버지들이 아내를 장녀의 이름으로 불렀다). 책임과 권한을 동시에 가지는 것이다.

그런데 상담실에서 만난 막내들은 가족의 붕괴를 막으

려 안간힘을 쓰고 있는 경우가 많았다. 자신이 태어났을 때 이미 가족은 고착된 구조를 가지고 있었다. 막내들은 이미 팽배한 가족 갈등 상황에서 중재할 수도, 개입할 수도 없는 긴장의 중력을 감당한다. 그(녀)들에게는 부모의 불화를 온몸으로 막아내려고 안간힘을 써온 기억도 역력했다. 그 방식은 때로 처절한데, 어머니의 히스테리를 온몸으로 받아내며 히스테리 환자가 되거나, 아버지의 폭력성을 이어받아 아버지의 자리를 차지하는 경우도 드물지 않았다. 한편으로 장자 승계의 가족 전통이 무너지면서 장남·장녀보다 오히려 막내가 부모를 모시거나 책임지는 가정이 많아지고 있기도 하다.

무서운 아버지 무릎에 올라앉아 고기반찬을 먹는 형제는 막내밖에 없었다는 등의 회상으로, 막내에 대한 이미지는 사랑받는 아이라는 환상에 붙박여 있다. 하지만 사실 막내는 가장 늦게 온 가장 약한 존재여서 가장 다치기 쉽고, 그래서 더 다치기 싫은 막내는 가족을 지키려 자기 존재를 바치곤 한다. 가족의 심리적 불균형이 심각할수록 막내의 증상도 우심해진다.

가족에만 막내가 있는 것은 아니다. 사회에도 마찬가지로 막내가 있다. 그러면 지금 우리 사회의 막내들은 누구인가? 그들을 찾자면 예수의 가르침을 상기하면 될 듯하다. 오후 늦게부터 포도밭 일꾼으로 일했지만 아침 일찍부터 일한 사람들과 같은 품삯을 받는 것이 마땅한, 나중 온 자들이다 (「마태복음」). 세상 가장 낮은 곳으로 내몰리던 그 시대나 이 시대의 막내들. 김용균, 민식이, 해고 노동자, 세월호 희생자와 그 가족, 굶주린 아이, 난민, 이름을 다 말할 수 없는 이 사회의 약한 자들. 가족 구조와 마찬가지로, 사실은 이 사회의 중력을 버티고 있는 사람들도 바로 그들이다. 그들이 이 세상의 증상을 대변한다.

아버지들 마음속
소년

"아버지가 제게 내리신 계율을 아버지 스스로가 지키시지 않게 되었을 때부터 비로소 (그 계율들은) 저를 짓누르는 힘으로 작용하기 시작했습니다." 아버지에게 소송을 제기한 아들 프란츠 카프카의 『아버지에게 드리는 편지』일부다. 카프카의 아버지는 자식들에게 식사 자리에서는 떠들면 안 되고, 음식 불평을 하면 안 되고, 흘리면 안 되고, 딴짓하지 말고 먹어야 한다고 했다. 그래놓고 정작 자신이 가장 음식 불평을 많이 하고, 먹으면서 심지어 손톱을 깎고, 식사가 끝나면 결국 자기 자리 밑에 가장 많은 음식 부스러기를 흘려놓았다. 카프카의 아버지가 자녀들에게 강제하는 계율은 넘치도록 많았지만 정작 그 계율을 가장 안 지키는 사람은 아버지 자신이었다. 이렇게 카프카는 아버지의 분열된 계율의 틈새에 끼여 '벌레'로 변신하는 환상으로 견디다가, 종당에는 몇 번의 약혼과 파혼을 반복하고 세상을 떠나기 전에는 아버지에게 소송을 제기한다.

얼마나 많은 아버지가 이렇게 자신이 세운 계율을 스스로 어기며 사는지 궁금하다면 다른 누구도 아닌 우리 자신을 돌아보면 되겠다. 자녀들에게는 올바로 살라고 해놓고 편법, 비법, 관행 등으로 정상을 어기며 살아온 우리의 지난 삶들 말이다. 물론 장삼이사 아버지들의 소소한 잘못은 정치인이나 법조인이나 언론인들이 저지르곤 하는 거대하고도 저 당당한 자기 배반에 비해 하찮기 짝이 없지만, 그래도 자식들은 아버지의 수없이 많고 소소한 자기 배반 때문에 분열된 삶으로 던져진다.

20세기의 카프카는 21세기의 영화 《가버나움》의 주인공 '자인'으로 환생한다. 레바논 빈민촌에 사는 자인은 열두 살로 추정되는 소년이다. 자인은 자신의 부모를 고소한다. 고소한 이유를 묻는 판사에게 "나를 태어나게 했으니까요"라고 대답한다. 현실을 복제한 영화에서 자인의 부모는 열 살 남짓 된 딸을 결혼이라는 이름으로 지참금을 받고 팔아넘기고, 온갖 위험이 득시글거리는 길거리로 자식들을 내몰아 돈벌이를 시킨다. 그러면서 정작 아버지는 물담배나 빨고 빈둥거리며, 신의 뜻만 찾는다.

자인은 말한다. 좋은 어른이 되고 싶었다고, 존중받고 사랑받고 싶었다고. 하지만 현실에서는 길바닥에 버려져 짓밟히고 벌레처럼 살아간다고, 분노에 찬 목소리로 차갑게 담담히 말한다. 전문 배우도 아니고 부모가 출생신고를 하지 않아 출생증명서도 없는, 본명도 '자인'인 이 소년은 현실을 그대로 재현했다.

카프카는 한 세기 전의 인물이며《가버나움》의 배경은 중동이니까 우리 이야기가 아니라고 간단히 물리칠 수 있을까. 지금 한국에서도 카프카와 자인의 아버지들을 수도 없이 볼 수 있다. 나이는 마흔이나 쉰 또는 예순쯤 된 성인이지만 실은 '늙은 유아'가 된 아버지들 말이다. 살아가면서 온전히 경험하고 통과했어야 할 무엇인가가 유실된 것 같다. 이런 아버지들은 무엇보다 자녀라는 존재가 품음 직한 감정과 정서, 즉 아픔과 갈등, 포부와 한계, 불안과 허세 등에 대해 무관심하다. 성공하라고, 나를 만족시키라고, 더 잘난 놈이 되라고 닦달하는 아버지들, 자식들 때문에 등골이 휘었다고 징징대는 아버지들은 자신의 욕심을 자녀들이 현실화해주기를 강제하는데, 그렇게 하는 것은 스스로가 불안하기 때문이다.

왜 이들에게는 욕망에 휘둘리는 강박만 남았을까. 아마도 이런 아버지들은 '소년'의 그 무엇이 희박해진 것 같다. 열두 살 소년 자인의 모습이 이 아버지들에게는 처음부터 없었을까. 존중받고 사랑받고 싶었고, 그만큼 존중하고 사랑하는 책임 있는 남자가 되고 싶었던 그 소년의 소망은 아직도 아버지들 마음 어디에 웅크리고 있지 않을까.

청순하고 순결했던 그 소년의 꿈이, 그때의 감성이, 그때 느꼈던 세상과 사람에 대한 설렘이 완전히 소실되지는 않았을 것이다. 아버지들이 마음속 '소년'을 다시 찾기에 너무 늦지 않기를 바랄 뿐이다.

잃어버린 마음을 찾습니다
—꼰대와 어른의 경계

가부장, 마초, 안하무인, 소통 불능, 일벌레, 예비 실업자, 무능, 버럭하는 사람, 비아그라, 밴드와 동호회, 일주일에 한 번만 보면 좋을 사람, 시어머니 아들, 쩍벌남, 술 냄새, 잠재적 성추행범, 개저씨…. 세상의 어떤 아내와 자식, 그리고 젊은 이들은 나를 포함한 중년의 남성을 이렇게 묘사하거나 이름 한다.

하지만 우리에게도 한때 펼치고 싶은 꿈이 있었다. 국어 선생님이나 기타리스트, 여행가가 되거나 시를 쓰고 싶어 하는 소년인 적이 있었다. 엄마의 사랑이었고, 누나의 솜털 같은 동생이었고, 한밤중 뒷간이 무서워 노래를 부르며 응가하던 그런 소년이었다.

까마귀 떼처럼 무채색의 유니폼 양복을 입고 출근하며 점심 메뉴를 고민하는 일상을 살더라도, 우리도 살아 있는 존재이고 원하는 무엇이 있다. 별다방 커피를 즐겨 마시는 내 딸은 식당의 공짜 자판기 커피를 마시는 아버지를 궁상떤다고 비아냥대지만, 그래, 너희들이라도 그렇게 살게 하기 위해 우리는 이런 사람이 되어버렸다.

　　고만고만한 처지의 동창들은 이렇게 자문한다. 그래도 그렇지, 한때 세상을 바꿔보겠다고 앞장서 화염병을 던지고 독재 타도의 맨 앞줄에서 청춘을 불사르던 젊음이 있었는데, 어쨌든 세상을 조금은 변화시켰고 그 주역이 된 경험이 있는데, 내 삶이 이렇게 지리멸렬해진 것은 무엇 때문일까? 술 힘을 빌려 우리는 자답한다. 민주당 대통령이 되면 아파트 가격 떨어지니 보수 정당에 투표해야 한다는 동료의 주장에 썩 어빠진 생각이라며 화를 내면서도, 사실은 투표장에서 개발 시대의 상징인 이명박 후보에게 투표한 자신의 비열함을 납득할 수 없다고 말한다. 노무현 대통령의 장례식 노제에 참석해서 한없이 눈물을 흘린 이유는, 그의 죽음이 슬퍼서이기도 했지만 내 삶이 하도 비루해서였다고 자백한다. 증세 없이 경기를 부양한다는 보수 정당의 거짓말에 속은 적이 한두 번도 아니면서, 지역구는 보수 정당에 표를 주고 정당 투표는 진보 정당에 표를 주었다며 자위하던 자신을 애써 잊고 싶다. 그러나 다음 투표에 또 그러지 않을 자신이 없다.

우리는 이렇게 속물이 되었다. 더 잘살게 되었는지 몰라도 여유는 더 없어졌고, 내 명의로 된 더 넓은 집을 가졌지만 그 집 어디에서도 정서적 공간은 찾을 수 없다. 집은 아이들의 성적 향상을 위한 독서실이자, 자녀 입시를 위한 아내의 전략 요충지가 되었다. 우리에게 집은 다시 직장으로 떠날 준비를 하기 위해 잠시 머무는 곳일 뿐이다. 가정은 꾸렸지만 자신은 가족의 진정한 일원이 아닌 것 같다. 어느 해 망년회를 마치고 돌아오는 길에 동창 한 놈이 내게 문자를 보냈다. 술에 취해 건들거리며 찍은 문자는 오자투성이였다. 내용은 다음과 같았다. "오늘도 아파트 화단에서 오줌을 갈기며 생각한다. 부디 나를 용서하여 누가 여기에서 구출해주기를…."

한국 남자라면 20대에서 50대에 이르기까지 모두 목이 쉬도록 외쳐대는 "나 정말 열심히 살았다"라는 말을 들으며, 문득 우리에겐 '열심'熱心만 있고 '마음'은 없는 것이 아닐까 하는 생각이 들었다. 열심히는 살았는데 내 마음이 어디에 있는지는 모르겠다. 소년이 꼰대가 된 이유는 마음을 잃어버려서이지 않을까. 지금부터라도 잃어버린 마음을 좀 찾아보자. 우리가 내 마음도, 그리고 소수자, 약자, 여성의 마음도 찾을 수 있게 되면, 꼰대가 아닌 진짜 어른이 될 수 있지 않을

까 기대해본다. 나와 타인의 마음을 찾으려는 그 마음이 갸
륵하지 않은가. 우리에게도 마음이란 것이 있다.

아버지가 남긴
마지막 말씀

내 아버지 고향은 이북이다. 비록 남한 땅에서는 일가붙이 하나 없는 외톨이였지만, 1·4 후퇴 이전에는 함경도 단천 어느 고을의 전주 이씨 집성촌에서 15대를 살았다고 들었다. 2년 전세 기간이 끝나면 다시 살 곳을 찾아 떠나야 하는 요즘 사람으로서는 15대의 붙박이 삶이 어떤 정서일지 상상도 잘 가지 않는다.

그래서인지 우리가 피난에 대해 일반적으로 알고 있는 상식과는 달리, 북한의 고향을 떠난 피난민은 대부분 비자발적이었다고 한다. 미군이 중공군과 북한군이 머물 곳을 아예 없애기 위해 주민을 모두 강제 소개하고 마을을 폭격하거나 집들을 불살랐다는 사실은, 학교에서 배운 내용과 사뭇 달랐다. 피난민 대열에 낀 수많은 사람들은 공산당이 싫어서가 아니라 미군의 폭격으로 죽을까 봐 고향을 떠났다는 것이다.

북한 정권에 대한 아버지의 분노가 어느 정도인지 잘 아는 나로서는 미군의 만행을 증언하는 아버지가 좀 놀라웠다.

이미 육로가 끊긴 긴박한 상황에서 죽지 않기 위해 떠밀려 가는 피난 행렬은 항구로 몰려들었다. 함경도의 부두는 흥남에만 있는 것이 아니다. 아버지의 일가와 친척들도 어느 작은 항구에 당도했으나 배는 턱없이 부족했다. 중공군은 거센 눈보라처럼 하염없이 밀고 내려오고, 미군은 피난민이 몰리는 항구 근거리에까지 함포사격을 해대자, 사람들은 죽음의 공포에 떨었다.

그 난리 통에도 금붙이를 받고 사람을 태우는 장사꾼들이 있었다. 부르는 뱃삯이 워낙 거금이라 식구 모두가 배를 얻어 탈 수 없었다. 결국 집안의 장남이라도 살리려는 할아버지의 강권으로 아버지는 곧 돌아오마는 약속만 남기고 혼자 배에 올랐다. 그리고 그것이 영원한 이별이 되었다.

미군은 흥남 부두에서 군함의 무기와 물자를 버려가며 피난민을 태웠다. 문재인 대통령의 부모님을 포함하여 만여 명의 피난민이 목숨을 구했다고 알려져 있다. 하지만 마지막 미국 군함이 철수하고 배가 해안선에서 1킬로미터 정도 멀어지자, 항구에 미리 설치해둔 폭탄이 터지며 주변에서 가족을 떠나보내거나 다른 배를 기다리던 피난민이 폭사했다. 그 수는 헤아릴 수가 없다. 아마 미국 군함에 실려 온 피난민 숫자보다 몇 배는 더 많을 것이다.

6월부터 시작된 전쟁의 전선이 채 반년도 되기 전에 두 번이나 오르락내리락했으니, 한두 달 안에 돌아오리라 생각했다. 아무리 전쟁이지만 한 민족이, 아니 한 가족이 그렇게 터무니없이 오랜 세월 오가지 못할 줄은 상상도 못 했다.

무뚝뚝하기로는 경상도 뺨칠 함경도 사나이가 가끔 눈물을 훔치며 말수가 많아질 때가 있었다. 설이나 추석 명절 때면 유난히 고향이 그리워지는 것이다. 내가 중학생일 무렵, 아버지가 나를 앞에 앉혀놓고 당신의 이북 가족들에 대해 소상히 말해주신 적이 있다. 단천의 풍경과 그곳 사람들의 삶, 그리고 가족들의 이름을 하나하나 알려주셨다. 그날 술에 거나하게 취한 아버지가 고개를 숙이고 눈물을 훔치며 마지막으로 내게 하신 말씀은 이러했다. "욱아, 언젠가는 통일이 되겠지?" 나는 그날 단 한 번 들은 이북 가족들의 이름을 지금도 기억하고 있다.

이북의 가족들 소식조차 모르고 아버지는 지난 세기말에 돌아가셨다. 당시 외국에 있던 나는 비행기를 타지 못해 임종을 지키지 못했다. 아들을 기다리며 하루하루를 힘겹게 호흡을 붙들고 계시던 아버지는, 돌아가시기 직전 세상에서 가장 슬픈 유언을 남기셨다.

　아버지가 막바지에 다다랐음을 감지한 큰누이가 목소리라도 한 번 더 듣고 싶은 마음에 울면서 아버지 귀에다 대고 말했다. "아버지, 빨리 집에 가요. 빨리 나아서 집에 가요." 그러자 며칠간 혼수상태에 빠져 계시던 아버지는 이렇게 말씀하셨다. "우리 집은 함경북도 단천군 단천읍 동호리…." 그것이 남한의 가족들에게 아버지가 남긴 마지막 말씀이셨다.

　1951년 1월 4일에 이산된 우리 집안의 고통은 대를 물려 내게도 남아 있다. 통일이 되건 남북한 자유 왕래가 실현되건, 나는 하루빨리 아버지의 유골을 안고 아버지 고향에 가고 싶다. 나는 그날이 오기를 기다리며 아버지를 내 서재에 모시고 함께 지낸다.

전통?
애정 없는 행위!

아버지가 돌아가시고 제사를 물려받았다. 첫 제주 노릇은 설날 차례였는데, 뉴질랜드에 살고 있을 때다. 2월 남반구의 오클랜드는 햇볕 쨍쨍한 한여름이다. 어릴 때부터 어머니를 도와 제사 음식을 만들고 아버지의 지시에 따라 제사상 진설을 한 경험이 골백번이었다. 그런데도 부모님 없이 처음 모시는 차례상 차리기는 허둥거림의 연속이었다.

어찌어찌 상차림을 마친 뒤, 따가운 햇볕을 커튼으로 가리고 땀을 닦으며 차례상 앞에 잠깐 멍하니 서 있는데, 뭔가가 발을 잡는다. 돌을 갓 넘긴 아들이 기어 와 내 종아리를 잡고 일어선다. 눈앞에는 아버지의 영정이 보이고, 아래에는 어린 아들이 위태롭게 서 있다. 순간 막막한 느낌과 함께 뇌리를 때리는 생각이 있었다. '아, 이제 내가 어른이 되었구나.' 서른도 중반을 넘겨서야 어른이 되었음을 실감하다니(사실은

'어쩔 수 없이 이제는 어른이 되어야 하는구나'라고 결심한 순간이지만) 참 부끄러운 일이었다.

차례를 모시는 내내 비감하고 무거운 마음이었다. 결국 차례상을 물리기 전 음복이라며 퇴주를 몇 잔 마셨더니, 문득 돌아가신 아버지가 사무치게 그리웠다. 생전에 당신에게 하지 못했던 말도, 또 지금 사는 이야기도 아버지에게 고했다. 마음이 한결 가벼워졌다.

그때부터 기제사건 명절 차례건 나와 아버지의 대작은 계속되고 있다. 아버지 살아 계실 때는 자주 하지 못했던 부자간의 취중 대화를 1년에 서너 번은 하는 셈이다. 지엄한 제사 법도를 지키는 양반네들이 보면 천하의 상스러운 짓이라 할지 모르지만, 내게는 가장 신실한 제사 방식이다. 그런데 어느 날 생각해보니, 내 아버지도 종종 제사상을 물리기 전 퇴주를 마시면서 뭔가 주저리주저리 말씀하셨던 모습이 떠올랐다. 그렇다면 이것은 내가 아버지에게 배워 아버지와 나의 전통이 된 '음복 토크'다. 평소에는 과묵했던 아버지도 명절이면 음복주에 취해 이런저런 살아오신 얘기를 내게 들려주시곤 했다. 이제는 내가 그러고 있다.

아마도 제사를 모시는 이유 가운데 하나는 돌아가신 가족을 애도하기 위해, 그리고 그분과 나의 관계에 집중하는 시간을 마련하기 위해서가 아닐까 싶다. 그분에게 못다 한 얘기를 들려드리며, 저세상의 망자와 현세의 자손이 촛불과 향을 사이에 두고 서로 삶과 죽음을 나누는 행위가 제사의 가치라는 생각도 한다.

하지만 만한전석을 방불케 하는 각종 음식을 바벨탑처럼 쌓아 올린 제사상을 통해 권위를 확인하려 드는 양반 흉내 내기가 아직도 위세를 부리고 있다. 이 오래 묵어 쉬어터진 전통의 지속으로 가장 피해를 보는 사람은 여자 중에서도 며느리들이다. 얼굴 한 번 본 적 없는 시증조부를 위해 온종일 굽고 부치고 지지고 끓이게 하는 데는 남성의 권력뿐 아니라 여성의 부엌 권력도 작용한다. 그래서 제사는 윗대가 아랫대의 다른 성姓을 가진 여성 가족에게 행사하는 권력질의 만찬장이다.

무엇보다 애정도 없고 신실한 애도도 없이 그저 양반 흉내나 내며 집안 전통을 과시하려는 행위로서 제사를 지속시키는 사람은 다름 아닌 '아들'들이다. 애정 없는 법도와 공경 없는 형식만으로 지내는 제사라면 폐하는 것이 망자를 위해서도, 살아 있는 사람들을 위해서도 좋지 않을까? 사랑 없는 행위를 지속할수록 그 모습은 과장되고 초라해진다. 냉장고에 한 달쯤 묵혔다 버릴 음식에 에너지를 쏟느니, 아내와의 관계를 챙기는 편이 더 현명한 노후 대책도 될 것 같다. 아니면 망자를 기억하기 위해 조촐하게 상을 차리고 나서 가족들이 함께 도란도란 살아온 이야기를 하거나, 살아갈 희망을 나누는 편이 훨씬 법도에 맞는 일일 것이다.

훌륭한 아버지는 죽은 뒤에
온전한 사랑을 받는다

내가 대학을 졸업하고 교사가 되어 받은 첫 월급이 60만 원 정도였다. 상여금이 3분의 1 정도 포함되었던 걸로 기억한다. 대학 마지막 학기 등록금도 60만 원 정도였다. 1980년대 후반의 일이다. 30여 년이 지난 지금, 대학 등록금은 적어도 여덟 배 올랐고, 대졸 평균 초봉은 넉넉잡아 네 배 정도 올랐다. 단순 계산으로 지금 젊은이들은 내 젊은 시절에 비해 적어도 두 배 이상 가난해졌다는 말이다. 봉급 대비 주택 가격의 격차는 계산해보고 싶지도 않다.

그동안 IMF도 있었고, 이른바 서브프라임 모기지 사태도 있었다. 너 나 할 것 없이 합심해서 부동산 가격을 올리고, 거기에 환호했다. 이렇게 세상이 꾸준히 살기 나빠졌는데, 다음 세대에게 미안하다고 사과하는 어른은 보이지 않는다. 단군 이래 최대 환란이라던 IMF가 끝나고도 그 일에 대해 사죄하는 정치인이나 경제인은 없었다. 다 남 탓만 했다.

　어른이라고 자칭하는 사람들의 미성숙이 가장 명확하게 드러나는 순간은 바로 잘못해놓고 사과하지 않을 때다. 미성숙이 심해지면 병폐가 된다. 우리가 '어른'이라고 칭하는 이는 자신의 책임에 아주 충실한 사람이다. 모두 남 탓을 할 때, 이 부분은 내 잘못이라고, 내가 미처 생각하지 못했다고, 내가 더 고민해야 했다고, 그래서 당신들에게 피해를 주어 미안하니 그 부분은 물심양면으로 정확하게 그만큼의 책임을 지겠다고 나서는 사람이다.

　내가 고등학생 때였다. 험하게 반항하고 방황하던 시기였다. 어머니 곗돈을 몇 장 훔쳐서 가출 비슷한 짓을 했다. 두어 밤을 지내고 나니 돈이 떨어졌고, 결국 친구 손에 이끌려 못 이기는 척 집으로 들어갔다. 어머니는 호되게 나무라셨지만, 아버지는 한마디도 하지 않으셨다. 그날 나는 주린 배를 채우느라 과식을 했다. 그 탓인지 새벽에 깨어 변소를 가려고 졸린 눈을 비비며 마당으로 나가니, 러닝셔츠를 입고 평상에 앉아 계신 아버지 등으로 새벽 달빛이 비쳤다. 아버지의 뒷모습을 보았다.

　수십 년이 지나 내가 그 남자의 나이가 되고 자식들로 끌탕하던 어느 날, 그날 밤을 떠올리자 문득 그의 등은 이렇게 말하는 것 같았다. "내가 무엇을 잘못했는가, 저 아이에게 나는 얼마나 부족한 아버지인지 모르겠다." 그날 이후로 나는 '책임'에 대한 정의를 내렸다. 책임이란 내가 이것과 저것을 이만큼 했다고 증명하는 것이 아니라, 내가 무엇을 하지 않았는지에 대하여 반성하는 행위다. 그리고 돌아보니, 덜도 아니지만 더도 아니게 정확한 잘못만큼의 책임을 지는 사람은 내가 미처 챙기지 못하고 행하지 않은 것을 고백하고 사죄하는 사람들이었다.

노회찬 없는 세상이 구멍 난 것같이 허전하다. 개인적 친분도 없고, 그저 집회 현장의 연단에 올라오는 모습을 가끔 본 것 말고는 직접 대면한 적도 없는 사이지만, 그분이 이 세상에 없다는 것이 참 슬프고 아프다.

평생 우리를 위해 대신 싸워주고, 앞장서 막아주고, 같이 아파하고, 힘겨운 우리가 힘낼 수 있도록 유쾌하게 웃겨주었다. 언제나 우리의 빈자리를, 약한 곳을 앞서 고민하고 먼저 채워주었다. 그런 분이 더 오래오래 살아 계셨다면 얼마나 좋았을까? 약자도 소외된 이도 없는 세상을 직접 보았다면 얼마나 기뻐하셨을까? 이제 다시는 노회찬을 볼 수 없다는 것이 허망하지만, 그분이 평생 원했던 세상을 보지 못하고 가셨다는 사실이 더 안타깝다.

애도란 부재의 현장을 확인하는 고통스러운 경험이다. 소수자와 약자, 밀려난 자와 이름도 목소리도 없는 자들이 삶을 회복하려는 그 현장에서 이제 더 이상 노회찬을 볼 수 없다. 기가 차고 소름 돋는 정치인들의 추잡하고 교활한 행태를 촌철살인의 비유로 한 방에 기절시키는 유쾌한 독설가 노회찬도 만날 수 없다. 민감한 정치적·사회적 사안으로 토론이 벌어질 때, '반쯤 정신 나간' 토론자가 나오더라도 노회찬이 상대하면 허리띠 풀고 편하게 실실 웃으며 토론을 볼 수 있었는데, 이제 그럴 수가 없게 되었다.

단정한 입술에 살짝 힘을 주고 첼로를 켜는 노회찬을 한 번 더 볼 수 있다면, 그의 연주를 들을 수 있다면 얼마나 좋을까. 셀 수 없이 많은 핍박과 고난의 날들 가운데 때로 동지들에게 배신당하고 대중으로부터 비난받으며 가슴 아파하던 그에게 우리가 미소라도 한번 보내주었다면, 손이라도 한번 잡아주었다면 좋았을걸. 그가 힘들어하던 그때 그 자리에 우리가 없었다는 사실이 이리 안타까울 수 없다.

훌륭한 아버지는 죽은 뒤에 온전한 사랑을 받는 것 같다. 힘겨운 일을 앞장서 맡음으로써 자애로움을 나타내고, 낮은 곳에 먼저 앉음으로써 권위를 증명하고, 아무도 하지 않으려는 일을 하는 데 주저하지 않음으로써 용맹스러움을 드러내는 아버지, 소년의 마음으로 노래할 줄 아는 아버지는 죽은 뒤에 비로소 사랑받는 것 같다.

힘없는 자와 밀려난 자, 얼굴도 목소리도 없는 수많은 이의 아버지 역할을 자임한 노회찬. 당신은 약하지만 한없이 아름다운 이들의 아버지이며, 가엾지만 끝없이 맑은 아이들의 할아버지입니다. 자신의 책임을 다하며 평생을 살았던 노회찬 선생님, 더 많은 노회찬이 이 세상에 나타날 수 있도록 힘쓰겠습니다.

삼가 노회찬 선생님의 명복을 빈다.

괜찮다고, 다 괜찮다고
말해주는 사람

딸아이가 드디어 졸업을 한다. 마지막 학기 수강 과목의 통과를 확인하고 뉴질랜드에서 내게 전화를 했다. 1년 반의 휴학을 빼고도 11학기 만의 졸업이니, 자기도 감격했는지 울음 섞인 목소리로 졸업을 알렸다.

입학하고 첫 학기, 좀 다니나 싶더니 음주와 가무에 연애까지 하며 청춘을 알차게 보내기 시작했다. 첫 학기 성적은 반타작…. 관성인지 다른 할 일이 없어서인지 두 번째 학기를 등록했다. 하지만 몇 주가 지나도 여전히 대학생이 될 생각은 없어 보였다. 전화로 자퇴를 권고했다. 딸아이는 정말이냐고 물었다. 내가 그렇다고 담담히 말하자, 세상에서 가장 반기는 목소리가 들려왔다. "그래 알았어, 내일 가서 휴학할게!" (나중에 딸아이는 이때 아빠가 지금껏 본 모습 중 가장 멋있었다고 말했다.)

자퇴성 휴학을 한 후, 딸아이는 집을 나갔다. 본격적으로 독립하겠단다. 아이 엄마는 극렬히 거부했으나, 스무 살 딸아이의 의지(라 쓰고 고집이라 읽는다)를 이길 부모는 별로 없을 것이다. 작은 아파트를 얻어 살며 식당 직원으로 일해서 의식주를 해결했다. 책이라곤 쳐다보지도 않고 시간이 나면 오직 놀고 놀고 또 놀면서 2년 가까이를 살더니, 어느 날 지친 목소리로 이제 학교로 돌아가고 싶다고 말한다. 안 된다고 했다. 갈 데 없어 가는 학교라면 안 가는 게 좋겠다고 했다. 하지만 이번에도 딸아이는 자기 '의지'대로 복학을 했다. 하지만 돌아간 학교에서도 지리멸렬, 지지부진한 일상이었다.

아버지로서 이런 과정을 봐주기도 어려웠지만, 무엇보다 자취를 감춰버리거나 연락이 안 되는 것이 가장 힘들었다. 성적이 그런 대로 나오거나 자기가 좀 열심히 한다 싶을 때면 전화도 잘 받고 문자에 답신도 바로 한다. 하지만 성적이 안 나오거나 시험을 망치면 전화도 안 받는다. 어느 방학에 만나 본격적으로 싸웠다. 왜 아버지의 전화를 의도적으로 안 받고 문자에 답도 안 하냐고, 왜 자꾸 자신을 숨기고 뒤로 물러나느냐고, 왜 떳떳하게 앞으로 나와서 아버지와 대면하지 못하냐고 울분을 토했다.

서로 핏대를 높여 싸우다가 딸아이가 절규한다. "내가

내세울 게 있어야지, 내가 뭐 하나 해놓은 게 없는데 무슨 낯으로 아빠 앞에 떳떳이 나설 수가 있어?" 이 말을 듣고 나서 나는 웃음이 나와 참을 수가 없었다. 딸아이는 어안이 벙벙한 채로 나를 쳐다보고, 나는 배를 잡고 웃었다. 겨우 웃음을 멈추고 아이에게 말했다. "딸아, 네 나이에, 이제 겨우 스물두 살에 내세울 게 있다면 그게 더 웃기는 거야. 네 나이 때는 내세울 게 없는 것이 정상 아니냐?" 우리의 싸움은 그것으로 종료되고 화기애애한 분위기로 돌아갔다. 물론 술이 빠질 리 없었다.

어쨌건 이런 일들을 겪으며 이 청년은 어렵사리 삶의 한 고비를 넘긴 것 같다. 이 경험을 통해 얻은 가장 중요한 교훈은 배움에 대해 알게 된 것이라고 말한다. 무엇보다 배움은 자신의 의지로만 가능하며, 배움이 꼭 학교에만 있는 것은 아니라는 것도 알게 됐다 한다. 이 딸이 대학원을 간단다. 심지어 내 후배가 되었다. 딸아이는 자신의 불안과 오만을 잘 견뎌준 아버지가 감사하다는 문자를 보내왔다. '괜찮다'고 말해준 아버지가 감사하단다.

언젠가부터 나는 강연에서 꼭 빠트리지 않고 아버지의 역할에 대해 이야기하게 되었다. 여러 가지 분명한 이유가 있지만, 무엇보다 우리 사회에서 아버지의 '실종'이 가슴 아프기 때문이다. 내가 아버지라서 동병상련의 감정을 말하는 것은 아니다. '아버지 없이 살아가는' 우리의 아이들이 안쓰럽다는 뜻이다. 실제로 가정에 아버지가 생존해 있건 아니건, 우리는 바야흐로 '아버지 없는 시대'의 증인이다. 가르침은 학교와 학원에서 다 한다고 믿고 있지만, 사실 학교에서 인간의 모듬살이에 필요한 것은 하나도 가르치지 않는다. 아이의 교육(이라 쓰고 경쟁이라 읽는다)은 엄마가 다 기획하고 매니징한다. 아이의 체력, 엄마의 정보력, 할아버지의 재력, 도우미 이모의 애정. 이 네 박자가 아이의 성공을 결정한다고 하는데, 아버지는 어디에?

아버지의 자리는 바로 여기서 찾을 수 있다. 우리 아이들이 그렇게 이 악물고 살다가 힘이 빠지거나 실패했을 때, 그 아이들을 위로하고 안심시킬 사람이 바로 아버지다. 괜찮다고, 시험 좀 못 봐도 괜찮다고, 이번 수능 못 치면 다음에 또 한 번 도전하면 되니 괜찮다고, 시험 한 번에 인생 망치는 일은 없으니 몇 번 실패해도 괜찮다고, 힘들고 지칠 때마다 아빠한테 돌아와 쉬라고, 아버지가 아직은 짱짱해서 다 보듬을 수 있으니 언제든 돌아와 쉬라고, 그래서 너희들은 언제나 괜찮다고. 그렇게 말해주는 아버지가 우리 아이들에게 필요하다.

"어멈아, 아범아, 자식 키우기 힘들지? 걱정 마라, 그래도 우리 새끼들 잘 클 거다. 너희들이 잘 키우고 있으니 걱정 마라. 자식 키우는 것, 멀리 봐야 된다. 지금 한순간 때문에 너무 힘겨워 마라. 다 괜찮다. 너희들 클 때 생각해봐라. 속 썩일 때도 있었지만 지금은 다 잘 커서 제 몫 하고 살잖아. 다 괜찮다." 이렇게 말해주는 아버지가 우리에게 필요하듯, 우리 아이들에게도 안심시켜주고 보호해주는 아버지가 필요하다. 아버지는 견뎌주는 사람이다. 자식이 어떤 좌절을 겪을 때마다 '괜찮다'고 말해주는 사람이다.

3

가장 나중 온 사람들

바라본다는
것

확신하건대 안경을 끼는 사람이면 누구나 안경을 낀 채 안경을 찾아본 경험이 있을 것이다. 누군가는 휴대전화를 손에 쥔 채 찾아보기도 했을 것이다. 심지어 휴대전화를 찾기 위해 딸아이에게 전화해서 묻는 엄마에 관한 이야기를 들은 적도 있다. '업은 아이 3년 찾는다'는 속담이 떠오른다.

문제는 '안경'이 가질 혼란(?)이다. 번연히 주인이 필요로 하는 바로 그곳에 자리 잡고 할 일을 하고 있는데도 없다고 찾아다니면 도대체 나(안경)는 세상에 있는 존재인가, 없는 존재인가? 손에 쥐고도 없는 줄 아는 그 휴대전화는, 등에 업힌 아이는 도대체 있는 것인가, 없는 것인가?

실제로는 있지만 인식의 세계에는 존재하지 않는 이런 상황을 '실재'하지만 '실존'하지는 않는다고 한다. 의미 세계에서 안경은 발견조차 되지 못했기 때문이다. 그래서 내 눈위에 있지만 없다고 여겨지는 그 안경은 '비존재'로 불린다.

예를 하나만 더 들어보자. 내가 앉아 있는 사무실에 다른 사무실 동료가 문을 열고 살피더니, 자신이 찾는 사람이 없자 '아무도 없네'라며 문 닫고 가버린다. 그래, 한 번은 봐준다 치자. 그런데 연이어 여러 명의 동료가 계속 문을 열고 두리번거리며 자신이 찾는 사람이 없다고 '아무도 없네'를 연발하고 가버린다면, 나는 정말 아무것도 아닌 비존재로 전락한다. 내 존재가 무화되는 경험이다.

응시는 대상에 의미를 부여하는 능동적 관심이다. 예컨대 무언가에 몰두하느라 길을 걷다가 시야에 들어온 가족이나 지인을 인식하지 못할 때가 있다. 그렇게 응시조차 되지 않은 대상은 '실재'하지만 (무시無視한 사람에 의해) '실존'하지 않는 상태로 전락한다. 관계가 가까울수록 이런 응시의 실착은 상대로 하여금 존재 가치에 대한 회의감을 갖게 한다. 그래서 잘 바라보는 것이 중요하다. 우리가 사랑에 빠졌을 때 가장 기본적으로 원하는 것은 사랑하는 사람이 '눈앞'에 있는 거 아닌가.

필자는 평소에 어린아이를 데리고 다니는 부모들을 눈여겨본다. 직업적으로 부모-자녀 관계를 다루는 작업이 몸과 마음에 배었기 때문이다. 아무래도 가장 흔히 보는 모습은 엄마가 아이를 데리고 다니는 것이다. 그런데 놀랍게도 많은 엄마들이 아이를 잘 바라보지 않는다. 유모차에 탄 아이가 20분 가까이 불편해하며 징징거려도 눈길 한 번 안 주고 말로만 아이를 달래는 엄마를 서점에서 본 적이 있다. 그 엄마가 뒤적거리며 찾는 책들은 모두 아이 잘 키우는 법을 다룬 육아 책이었다. 고작 대여섯 살 된 아이를 제대로 챙기지 않고 혼자 벌떡 일어나 버스에서 내리는 엄마도 많이 봤다. 아이가 위험하게 장난을 쳐도 엄마는 스마트폰에 눈을 박고 있다. 아버지들은 응시라는 행위를 하기도 전에 이미 가족 관계에서 자의건 타의건 배제되는 경우가 많으니 비판하기조차 무안하다. 위에서 든 서점 엄마의 사례는 부모라는 허울 좋은 역할이 부모의 사랑을 침식한 경우다. 진실한 관심은 무엇보다 그(녀)를 바라보는 행위를 수반한다.

　말이 가진 힘도 크지만, 응시에 내포된 사랑과 증오, 관심과 무관심의 메시지는 치명적일 수 있다. '공감'이니 '소통'이니 다 죽어빠진 말들을 반복하는 것은 오히려 관계의 공허함을 자꾸 확인시키는 것 같다. 차라리 얼굴과 시선의 각도를 같이하고(그러지 않으면 째려보는 것이 된다!) 가족과 친구, 동료와 내 주변에서 나를 도와주는 사람들을 하루 단 한 번이라도 찬찬히 들여다보는 것이 더 나을 수 있다. 그러면 세상에는 당연한 것이 하나도 없음을 알게 될 수도 있다.

엄마의 무응시로 소외된 아이처럼, 세상의 가난하고 약하고 보호받지 못하는 이들도 자신을 바라봐달라고 호소한다. 비정규직 노동자, 성 소수자, 장애인, 난민, 해고 노동자, 유가족…. 우리가 바라보아야 할 사람들이 너무나 많다.

심지어 우리의 야식을 책임지고 위험한 밤길을 달리는 배달 오토바이들도 자신을 바라봐달라며 이렇게 절규하지 않는가? 바라봐라 바라봐!

그저 약간의 특별한 도움이
필요한 사람들

필자는 뉴질랜드에서 거주하며 정신병 재활 전문 치료 기관에서 10년간 근무한 이력이 있다. 주로 중증 조현병을 앓는 환자, 그리고 심각한 경계성 성격장애나 조울증을 경험하고 있는 성인을 대상으로, 일상적 돌봄과 치료를 제공하며 사회 복귀를 돕는 치료 기관이었다. 환자들의 증상 심각도에 따라 가장 낮은 1단계에서 가장 심각한 4단계까지 각각 다른 밀접도의 치료와 돌봄 시스템이 갖춰져 있어, 환자 상태에 따라 적절하고 유기적이며 즉각적인 대응이 가능했다. 각 환자의 일상을 돌보는 정신 건강 치료사가 키워커key worker로 배정되고, 그의 주도 아래 정신과 의사, 사회복지사, 정신과 간호사, 심리치료사로 구성된 케이스 관리 팀이 정기적으로 회의를 했다. 필요한 상황에서는 가족은 물론이고 변호사나 판사, 경찰, 지방자치단체 복지 담당관 등이 유기적으로 협조했다.

‘조현’調絃이라는 말은 현악기의 음률을 고른다는 뜻이다. 악기를 잘 조율해야 조화로운 음악이 나오듯, 정신에도 균형 잡힌 조율이 필요하다는 의미에서 조현병이라는 말이 생겼다. 한 사람(환자)이 자신의 정신을 잘 조율하지 못하는 심신미약 상태에 있을 때, 그를 돌보는 주변의 사람들이 환자의 삶이 잘 조율될 수 있도록 힘을 합해 그의 정신 건강을 돌보아야 하는 것이다.

정신의학계는 주로 유전이나 생물학적 요인에 의해 조현병이 발병한다고 주장하지만, 심리학자들은 조현병에 대해 상당히 다른 의견을 가지고 있다. 심리학계에서는 가정 폭력과 (가족 내) 성폭력, 이 두 가지 중 하나 또는 둘 다 일어난 공포의 환경에 장기간 방치된 경험, 극심한 분열적 성격의 주양육자, 인생 초기에 항거 불능의 극도로 억압적인 상황에 장기간 노출되며 형성된 정신적 트라우마 등을 조현병의 주요 원인으로 꼽고 있다(물론 신경생리적 요인을 무시하는 것은 아니다).

그럼에도 불구하고 조현병 증상을 겪는 이들을 10년 넘게 겪으며 나는 그들이 참 순수하고 맑은 사람들이라는 것을 알게 되었다. 상처 입어 손상된 그들의 정신이 쉽게 복구되지는 않았다. 그들과 나누는 대화는 언제나 엉뚱하고 종잡을 수 없게 흘러갔다. 하지만 그들은 올바른 사랑, 그리고 현이 잘 조율된 악기로 연주하는 음악처럼 조화로운 관계를 언제나 목말라했다. 머리를 휘젓는 환청이 들리거나 감각을 무너뜨리는 환영이 보이면 증상이 심해졌음을 자각하고, 담당 직원에게 담담히 긴급 처방을 요구하던 그들의 표정은 흡사 해탈한 사람들 같았다. 그들도 한때 자신의 병을 인정하지 못하고, 받아들이지 않으려 분노하고 폭력을 휘두르기도 했다. 하지만 사회가 그들을 돌보겠다고 나서자, 인간의 존엄을 지키게끔 도우려는 전문가들과 가족의 노력을 통해 자신의 병을 수용하기 시작했다.

한국에서 조현병을 앓는 몇몇 환자가 흉기를 휘두르고 살인까지 저지르는 괴물처럼 변한 것은 아무도 그들을 제대로 조화롭게 돌보지 못했기 때문이다. 그들은 자신의 병을 선택한 적이 없고, 또한 자신의 병으로 타인에게 해를 끼칠 의사도 없다. 다만 그들은 자신의 정신을 조화롭게 운용하지 못할 뿐이다. 가족 구성원들은 이들을 숨기려 들거나, 이들의 병세를 귀신 들림이나 몸이 허약한 탓으로 치부하거나, 죽을 때까지 부모가 끌어안고 오로지 가족의 책임으로 떠안으려 한다. 그러나 조현병 환자들은 그들이 사는 사회가 함께 돌보아야 한다.

뉴질랜드에서 본 광경이다. 의사 표현이 불가능하고 움직이기도 어려운 상태의 할머니 환자에게 한 간호사가 화장을 해드리고 있었다. 나중에 그 간호사에게 외출은커녕 작은 움직임도 불가능한 할머니에게 왜 화장을 해드리냐고 물었더니, "저분도 남들에게 단정하고 깨끗하게 보이고 싶으실 것이다, 그에게도 인간으로서 지키고 싶은 존엄이 있지 않겠느냐"라고 답했다.

　　조현병을 가지고 있다고 해서 인간으로서의 존엄성이 유실된 것은 아니다. 인간이라면 존엄하게 살 권리가 있고, 서로 그것을 지켜주는 기쁨을 누려야 한다.

죽어가는 아이들의
나라

"… 젊은 아버지는 새벽에 일 나가고/ 어머니도 돈 벌러 파출부 나가고/ 지하실 단칸방엔 어린 우리 둘이서/ 아침 햇살 드는 높은 창문 아래 앉아,/ 방문은 밖으로 자물쇠 잠겨 있고/ 윗목에는 싸늘한 밥상과 요강이,/ 엄마 아빠가 돌아올 밤까지/ 우린 심심해도 할 게 없었네./ 낮엔 테레비도 안 하고 우린 켤 줄도 몰라./ 밤에 보는 테레비도 남의 나라 세상/ 엄마 아빠는 한 번도 안 나와./ 우리 집도 우리 동네도 안 나와./ 조그만 창문의 햇볕도 스러지고/ 우린 종일 누워 천장만 바라보다/ 잠이 들다 깨다 꿈인지도 모르게/ 또 성냥불 장난을 했었어./ 배가 고프기도 전에 밥은 다 먹어치우고/ 오줌이 안 마려운데도 요강으로,/ 우린 그런 것밖엔 또 할 게 없었네./ … 옆방에는 누가 사는지도 몰라./ 어쩌면 거긴 낭 떠러지인지도 몰라./ 성냥불은 그만 내 옷에 옮겨붙고/ 내

눈썹 내 머리카락도 태우고/ 여기저기 옮겨붙고 훨훨 타올라,/ 우리 놀란 가슴 두 눈에도 훨훨…."(정태춘, 〈우리들의 죽음〉, 1990)

세상은 그때와 많이 달라졌다. 가장 달라진 점이라면, 아이들이 더 이상 예전만큼 태어나지 않는다는 것이다. 동화 「하멜른의 피리 부는 사나이」는 먼 나라 옛날이야기가 아닌 것 같다. 돈에 눈멀어 아이를 잃어버린, 욕심에 열정적이게 된 지금 여기의 이야기다.

아이들이 눈치 안 보고 밥 좀 편히 먹게 하자는데 그 밥 뺏어 먹으려는 정치가가 너무 많고, 그들은 힘도 강력하다. 2년마다 이사 안 다니고 안정적으로 아이들 키울 수 있게 장기공공임대주택을 짓자고 하면, 내 동네에는 못 들어온다고 핏대 세우는 마음이 궁핍한 어설픈 중산층이 너무 많다. 수백만원짜리 유모차, 수천만 원 영어 유치원, 억대의 족집게 과외 선생과 입시 코디까지, 올려다보니 너무 아득해서 우리의 아이들은 태어나기도 전에 부모들의 마음에서 지워진다. 가져보지 못한 것의 상실로 채워지는 이 세상은 태어나지도 못한 우리의 죽음을, 한 사회의 멸종을 가속화한다.

세상은 어쩌면 훨씬 더 나빠져 있다. 1980년대 후반, 교사로 채용돼서 받은 내 첫 월급은 당시 대학 한 학기 등록금을 얼추 맞출 수 있는 액수였다. 지금은 대졸자 초봉을 두세 달 모아야 한 학기 등록금을 댈 수 있다. 적어도 세상은 두세 배 나빠졌다. 새로운 가난이 찾아온 것이다. 집값은 또 어떤 가. 쥐꼬리처럼 떨어지고 뱀 대가리처럼 치솟는다. 아이를 잘 키울 자신이 없는 부모들은 결국 마음에서 출산을 지우기로 한다. 현 추세라면 산술적으로 몇백 년 뒤 한국 사람은 멸종 할 것이다. 이미 십수 년 내로 소멸의 전망이 뚜렷한 군 단위 지자체가 수두룩하다.

나 같은 장년에게도 한국 사회는 냉소와 절망의 대상이 된 지 오래인데, 젊은 부부들이 보기에는 어떻겠는가. 그들 에게 이 사회는 믿을 수 없는 '타지'일 뿐이다. 젊은 부부들을 향해 아이를 낳으라는 말도 하지 말아야 한다. 아직도 그런 말을 하는 자들이 정말 걱정하는 것은 아이들이 없는 세상 이 아니다. 그들은 자신들의 기득권을 유지하게 할 값싼 노 동력, 착취의 대상들이 사라질까 걱정하는 것이리라. 교육이 라는 이름의 폭력으로 죽어가는 수많은 아이들을 구해내는 것도 이제 한계에 달한 것 같다. 더 이상 아이들을 죽이지 않 기 위해서라도 아이들을 낳지 말라는 말이 오히려 더 윤리적 이라는 생각이 든다.

이 사회는 다 큰 생때같은 아이들 수백 명을 숨지게 해놓고 진상 규명조차 제대로 하지 못했다. 30년 전 불이 난 지하 단칸방에 갇혀 질식사한 아이들과, 몇 년 전 배에 갇혀 수장 된 아이들의 죽음은 바로 '우리들의 죽음'이다. 자살이 청소 년 사망 원인 1위인 나라, 매일 아침에 한 명 오후에 한 명 꼴 로 청소년이 자살하는 나라, 청소년 열 명 중 한 명은 자해를 하는 나라. 우리는 아이들을 죽이고, 그렇게 우리도 소멸해 간다.

'갑질'이 아니라
'폭력'이다

장성 정도의 계급에 오른 사람이면 어느 정도의 훌륭한 인격을 갖추고 있을까? 도대체 어느 정도로 훌륭한 인품을 가지고, 얼마만큼의 포용력과 리더십이 있어야 저 위치에 오를 수 있을지 상상이 잘 가지 않는다. 소위로 임관해 그 자리까지 승진하는 동안 수많은 시련과 난관을 겪었을 테니, 그 내공이 얼마나 깊을지 짐작하기도 어렵다. 하지만 세간에 알려지는 사건들을 접하면, 오히려 군대 내 지도자 가운데 심각한 정신적 문제를 가지고 있는 사람들이 제법 있는 듯하다. 반복적으로 자행되는 군대 내 위계에 의한 학대 행위는 그 모습만 다를 뿐 모두 심각한 병리 현상이다. 몇 년 전 크게 화제가 된 한 육군 대장 부부의 엽기적 행각이나, 최근에 문제가 된 공군 부사관 성추행 사건 등을 보면, 그 가해자들이 정상적 사고를 하는 사람들 같아 보이지 않는다.

군대 내 폭력에 더해, 2차 가해라고 할 만한 언론의 행태가 눈길을 끈다. 그들은 사건의 본질을 호도할 뿐 아니라, 문제의 심각성을 흐리게 만들고 있다는 문제의식조차 없는 듯하다. '갑질'이라는 말에 대한 문제 제기를 하고자 함이다. 이것은 2차 가해를 넘어 피해자의 피해를 폄하하는 태도다. 말과 글로 밥 벌어 먹고사는 기자라면 언어 하나하나가 가진의미와 그 적용을 정확하게 보도해야 할 일이다.

내가 이해하는 '갑질'이란 어떠한 계약 관계를 기반으로한다. 비록 계약 관계는 갑과 을로 나뉘어 성립하지만 사실둘의 관계는 동등하다. 하지만 주로 권력을 더 많이 쥐고 있는 갑이 계약 관계를 넘어서는 굴종을 을에게 요구할 때 이것을 종종 '갑질'이라고 한다. 여기에는 굴욕감을 줌으로써 상대적 우월감을 가지려는 병리적 의도가 포함되기도 한다. 어쨌건 이 '갑질'은 계약 관계를 초과해 더 많은 착취를 더 당당하게 요구한 갑에 대한 비난의 언어다. 하지만 지금 군대에서벌어지는 가해 행위는 계약을 기반으로 한 관계에서 벌어지는 것이 아니다.

개인 간 또는 조직 간 계약 관계와 달리, 학교나 군대 등의 기관과 한 개인이 관계를 맺을 때는 계약이 아니라 권리와의무를 전제하게 된다. 군대의 경우, 심신의 구금 상태를 요구하게 된다. 따라서 '갑질' 논란과는 다른 차원이 된다. 지금도 대학교에서는 교수가 사적 업무에 연구실 소속 대학원생들을 마구 부려먹는다. 심지어 자기 부모의 장례식에 석박사 학생 십수 명을 동원해서 2박 3일간 온갖 시중을 들게 한다. 하지만 그 교수는 아무런 문제의식을 느끼지 않는다. 더 문제는 학생들도 그 일을 돕는 것이 당연하다고 생각한다는 점이다. 비록 부당한 일이라는 걸 알지만 다른 선택을 할 수 없기 때문이다. 논문 심사를 통과해야 하고, 졸업 후에 좁은 바닥에서 살아남으려면 지도 교수의 심기를 건드려서는 안 된다. 이런 상황이라면 학생들은 심리적 구속 상태에 있다고 말할 수 있다. 진짜 문제는 이런 일이 한국 사회에서 비일비재하게 벌어지고 있다는 것이다(대학교에서 너무나 자주 벌어지는 성추행과 성폭력은 여기에서 언급하지 않기로 한다).

배움과 진리의 전당인 대학교도 아직 이런 행태에서 자유롭지 않은데, 군대같이 계약이 아니라 계급을 기반으로 관계가 맺어지는 조직에서 더 반인간적인 일이 벌어질 가능성은 한결 높겠다. 그렇다면 이는 국가기관이나 교육기관에 한국 사회가 부여하는 권력이 과도하다는 방증이다.

부당한 권력은 개인의 존엄성을 훼손하는 '폭력'으로 작용할 때가 많다. 그래서 우리에게는 건강한 권력, 즉 누군가

부당하게 사용하는 권력을 무력화할 수 있는 권력이 필요하다. 그러나 학교나 군대 등 교육기관과 국가기관, 그리고 그 책임자가 오히려 그 권력을 이용하여 패악을 부린다면 이것은 국민에 대한 범죄이자, 종내 우리를 공포와 심리적 좌절로 몰고 갈 것이다.

국방의 의무를 수행하기 위해 입대한 젊은 병사들이 육군 대장의 집에서 전자 팔찌를 찬 채 집안일을 하고 자기 또래인 그 집 아들의 음식 시중까지 들었다. 여성 군인이 성폭력이나 성추행을 당하고도 침묵을 강요당하고, 상관은 능동적으로 사건을 은폐하려고 했다. 기가 찰 노릇이다.

언론에 묻고 싶다. 이것이 정말 '갑질'로 보이는가? 이런 심각한 국가 폭력(젠더 폭력을 포함하여)을 그저 '갑질'로 보도하는 기자들이 참 낭만적인 사람들로 보인다.

야만에 맞서는
법

내가 초등학교 저학년 무렵이었다. 공부 재능이 전혀 없어 보이던 어눌한 아들이 걱정된 우리 부모님은 집에 하숙하던 대학생에게 과외를 맡겼다. 나는 새벽 맑은 정신에 공부를 해야 한다는 뜻에 따라 일주일에 세 번 어둑한 새벽에 그 학생의 방으로 가야 했다. 아둔한 데다 잠도 덜 깬 나는 '6 더하기 7' 정도의 쉬운 산수 문제도 풀지 못했다. 설명을 거듭하던 그 대학생은 결국 화가 나서 내가 오답을 댈 때마다 뺨을 때리기 시작했다. 얼마나 맞았는지 셀 수도 없었다. 껌껌하고 추운 겨울 새벽, 아무도 도와주지 않는 그 방에서 나는 속수무책으로 폭행을 당했다. 그에게 맞으며 얼핏 그가 자신의 힘을 마음껏 휘두르며 쾌락을 느낀다는 생각이 들었다. 짐짓 내 멍청함을 빙자해 화를 냈지만 다 잡은 쥐를 놀리는 고양이 같았다. 그날 나는 폭력이라는 것이 흉측하다는 생각을 했다. 불행히 그 뒤로도 12년간의 학교생활 동안 교사들로부터 항거할 수 없는 끔찍한 폭력을 일상으로 당하며 견뎌야 했다. 가끔 언론에 보도되는 무자비한 남성 폭력에 관한 기사를 접하면 그때가 떠오른다.

야만이라 불리는 행위는 폭력을 기본 수단으로 사용한다. 하지만 야만을 폭력이라고만 부를 수 없는 이유는 야만의 목적이 쾌락에 있다는 점에 있다. 폭력은 야만을 수행하기 위한 기능일 뿐이므로, 야만은 폭력만이 아니다. 야만은 권력 향유의 가장 비열한 모습이다. 대항할 수 없는 대상, 그런 상태에 있는 상대에게, 그 상대가 동물이건 인간이건 상관없이 자신이 가진 권력을 사용하여 상대가 파멸하는 과정을 목도하는 것이다. 야만이란 죽어가는 과정 자체를 즐긴다. 최소한 21세기 한국 사회의 야만은 그렇다.

여성을 항거 불능 상태로 만들어 성적 쾌락을 누리는 것도 모자라 그것을 공유하고 그 과정을 즐기는 야만을 한국 사회는 넘치도록 보고 듣고 있다. 게다가 한 언론사 가문의 엽기 행각과 추문을 들으니, 그들의 야만도 최악 중에 으뜸인 것 같다. 직원들을 무자비하게 폭행했던 인터넷 정보업체 사장의 돈벌이도 여성을 성폭력 피해자로 만드는 데 적극 협력한 대가였다. 그들의 쾌락은 성을 매개로 삼았지만, 그것이

가능했던 것은 그들에게 압도적 권력이 있었기 때문이다. 야만을 가능하게 하는 권력과 그 수단인 폭력, 거기에 무방비로 노출되는 경험을 해본 사람들은 안다. 그것은 '졌다'는 패배감이 아니라, 자신이 '몰락'하고 있다는 감각이라는 것을.

야만의 가해자가 휘두르는 폭력은 그 개인의 성격과 인품의 문제만이 아니다. 그것을 가능하게 하는 것은 그에게 부여된 유·무형의 사회적 권력이다. 그렇다면 한 명 또는 소수의 약한 개인을 압도하는 사회적 권력에 우리는 어떻게 대응해야 할까. 문제의 답은 표면에 있을 때가 많다. 야만인들은 언제나 피해자가 항거 불능 상태에 있는 것을 즐긴다. 그들은 자신의 권력이 한 개인이나 집단을 무기력 상태로 만드는 과정 자체를 즐기는 것이다. 그래서 야만인들은 자신의 '먹잇감'이 고분고분하지 않고 저항하고 항거할 때 화가 나고 불안하다. 그렇다면 답은 분명해진다.

다큐 영화 《공범자들》에서 인상적인 장면을 보았다. 문화방송 김민식 피디는 아무것도 할 수 없다고 느꼈을 때 자기가 원하는 것을 외치기라도 해야겠다고 생각한다. 그리고 사옥 복도에 나와서 외친다. "김장겸은 물러나라." 더 큰 피해를 입을 수도 있고, 무엇보다 공허한 외침으로 끝날 수도 있지만 그렇게라도 항거해야겠다고 다짐한다. 지지 않았다고 그는 계속 외친다. 결국 그의 외침에 연대하는 수많은 작은 개인의 외침이 쌓이고 쌓여 정권을 바꾸고 '야만'을 감옥에 가두었다.

세상에 '맞을 짓'이란 없다. 그러나 폭력을 휘두르는 사람에게 아무런 저항도 하지 않는 행위는 비판받아 마땅하다(물론 불가항력의 폭력을 당하는 경우는 그렇게 말할 수 없다). 폭력의 피해자는 그 상태를 방치하면 안 된다. 야만의 권력이 우리 존엄을 모멸할 때, 우리는 외치기라도 해야 한다. 그렇게 항거 불능 상태가 아니라는 것을 알려야 한다. 더 참혹해지리라는 그들의 협박에 굴복하는 것, 바로 그것이 참혹한 삶이다. 야만에 맞서는 법은 야만에 굴하지 않고 저항하고 항거하는 것밖에 없다.

허공으로의
망명

이민국 뉴질랜드에서 다양한 인종, 국가, 문화권의 내담자들을 만났었다. 모든 내담자가 하나하나 다 특별했지만, 가장 힘든 기억으로 남아 있는 내담자는 망명자들이었다. 내가 만났던 이들은 주로 아프리카 출신이었는데, 그들과의 상담으로 마음이 무거웠던 이유는 그들이 겪은 참혹한 일들을 듣고 그들이 괴로워하는 모습을 지켜보는 부담감에도 있었지만, 무엇보다 상담자로서 할 수 있는 일이 아무것도 없다는 무력감이 가장 컸다. 고통받고 있는 한 인간에게 도움을 주고 싶다는 마음에 비해 실질적으로 할 수 있는 일이 하나도 없다는 사실은 내 직업에 대한 회의감까지 들게 했다. 하지만 다행히도 그들 대부분은 뉴질랜드 정부에 의해 잘 보호받고, 그 사회에 잘 적응하기도 했다.

비정규직 노동자 단체의 책임자로부터 한 해고 노동자

를 만나달라는 전화를 받았다. 삼성 해고 노동자 김용희 씨를 처음 만난 곳은 25미터 상공의 좁은 철탑이었다. 당시 그는 서울 강남역 2번 출구 앞 교통통제 관제 철탑에서 50일 넘도록 고공 농성을 이어가고 있었다. 고공에서 단식 농성을 하고 있다기에 비상구나 외부 사다리를 타고 올라가 건물 옥상에서 만나는 줄 알았는데, 그가 농성을 이어가는 곳은 비상구는커녕 외부 사다리도 없는 철탑 꼭대기였다. 그를 만나려면 소방 사다리차를 타고 25미터까지 허공으로 올라가, 철탑에 사다리차를 맞대고 그저 맨몸으로 좁은 공간으로 옮겨가야 했다. 철탑의 가운데는 또 작은 철탑이 차지하고 있어서 한 평도 채 안 되는 원형의 농성 공간은 아이라도 발을 직선으로 뻗을 수 없는 형편이었다. 당시 그는 단식한 지 열흘이 넘었고, 그전에 감행했던 100일 단식 투쟁을 마친 지 1년도 안 된 때였다. 나는 그날 이후로 두 번 더 철탑을 올라 김용희 씨를 만났다. 까마득한 철탑은 사방으로 뚫려 있어 한여름의 땡볕도, 거센 비바람도 피할 수 없었다. 철그물로 된 바닥은 스티로폼 방석이 없으면 제대로 앉을 수도 없었는데, 그곳에서 그는 55일간의 단식은 끝냈지만 고공 농성을 이어나갔다.

김용희 씨는 1995년 삼성에서 해고되었다. 노동조합을 설립하려 했다는 이유다. 노조 설립을 막으려고 그에게 가해진 삼성의 회유, 협박, 폭행, 직장 내 따돌림 등은 이루 말할 수 없었다. 그 와중에 김용희 씨의 아버지는 아들의 고통을 보다 못해 유언장 같은 편지를 써놓고 집을 나가신 후 지금껏 생사도 모른 채 소식이 끊겼다. 3대 독자인 김용희 씨가 대학 시절 강제 징집을 당하자 자신이 대신 근무를 서겠다고 할 정도로 아들을 사랑한 아버지였다. 철탑에서 김용희 씨는 아버지를 떠올리며 울었다. 2019년 7월 10일은 그의 생일이자, 계속 삼성에 근무했다면 정년퇴직을 맞는 날이었다. 원직 복직을 요구하며 수십 일째 단식을 이어갔던 그는 결국 삼성으로부터 단 한마디의 말도 듣지 못한 채, 정년 전 복직의 꿈을 이루지 못하고 아직도 철탑에 갇혀 있다. 다행히 여러 동지들의 간곡한 뜻을 받아들여 단식은 중단했지만, 지상으로 내려오는 것도 병원 치료도 거부한 채 그저 하루 한 종지의 미음으로 회복식을 하며 농성을 이어가고 있다.

그는 철탑 위로 망명을 간 것이 아닌가 싶다. 이렇게 철저히 추방되었는데, 망명자라고 부르지 못할 것도 없다. 하지만 그의 망명지는 한 평도 안 되는 고공 철탑이다. 정권도 촛불혁명으로 끌어내렸는데 삼성이라는 저 난공불락의 성은 어찌해볼 수 없다. 김용희는 죽어가고 있고, 그를 구해줄 나라는 없다. 이럴 때는 차라리 아프리카의 망명자들이 부럽다.

덧붙이는 말: 다행히 김용희 씨는 삼성과 합의하고 1년 만에 철탑에서 내려왔다. 그 과정에서 상처 입은 사람들이 많다. 특히 김용희 씨와 같이 투쟁했던 이재용 동지(삼성전자 부회장 이재용과 동명이인이다)에게 감사하고 한편 미안하다. 개인적인 사정까지 겹쳐 많은 어려움을 겪으면서도 투쟁의 대부분을 함께했다. 하지만 아무런 보상을 받지 못하고 사람들에게 기억조차 되지 못해 안타깝다.

난민은 무의식이 상상한
우리의 몰락한 모습이다

수년 전 필자와 상담을 했던 30세 청년 ㅁ. 그는 아프리카 어느 국가에서 온 난민이다. 그와 국적이 같은 사람은 한국에 단 한 명 더 있다. 하지만 그 사람은 유학생 신분이어서, 처지가 다른 그는 철저하게 고립된 채 살아가고 있었다. 그의 영어는 유창했지만, 한국 생활 3년을 지나는 동안 그의 신분으로는 일자리를 구할 수 없었다. 그는 항변했다. 자신은 한국에 체류하러 온 것이 아니라 경유하러 들어왔는데, 한국 출입국관리소에서 그를 억류하고 난민으로 분류했다고. 그의 의사와 무관하게 한국에 갇혀버린 것이다.

어느 더운 여름날, 난민 지원 단체가 제공하는 숙소에서 가만히 있기 너무 무료해 건물 앞에 나와 있는데 경찰이 와서 잡아가더란다. 자신을 왜 데려왔는지 물으니, 왜 거기 서 있었느냐는 대답이 돌아왔다. 다시 왜 잡아왔는지 물으니,

그냥 길 가던 사람이 수상한 흑인이 거기 있다고 해서 잡아왔다는 것이 경찰관의 대답이었다.

한 시간 가까이 승강이를 하다가 난민 지원 단체 스태프가 와서 풀려났으나, 그때부터 불면증이 생기고 술이 없으면 잠을 잘 수 없게 되었다. 그는 일을 하고 싶어 했다. 자기 힘으로 돈을 벌고, 삶을 유지하고 싶었다. 자유로운 삶을 살 수만 있다면, 한국도 나쁘지 않다고 했다.

실향민, 다른 말로 피난민, 줄여 말하자면 난민이었던 내 아버지도 남한에 사는 동안 '삼팔따라지'라고 불리며 남한 사람들의 혐오 섞인 배척을 어지간히도 당했다. 이북 것들이 굴러 들어와서 질서와 풍습을 무너뜨린다는 경멸도 모질게 경험했다. 당시 내 아버지의 나이도 서른 무렵. 잘 곳도 머물 곳도 없었고, 말이 다르다고 멸시도 받았다. 나를 포함해, 남한 땅에 살고 있는 많은 사람들은 난민의 자손이다.

한국에도 난민이 유입되면서 종종 난민이 주요한 사회 이슈가 되었다. 난민에 대한 전반적인 사회 반응은 꽤 배타적인 것 같다. 나름 진보적이라고 자처하는 인터넷 커뮤니티에서도 난민에 대해서는 혐오에 가까운 부정적 의견들이 압도한다. 난민에 대해 긍정적 의견을 내면, 좀 과장해서 '가루가 되게 까이는' 분위기다.

의문이 든다. 난민이 문제일까, 우리의 혐오가 문제일까? 수백만의 난민과 그 자손이 함께 건설한 대한민국의 시민이 난민에 대해 왜 이리도 집단 혐오를 숨기지 않는 것일까? 우리보다 못사는 나라에서 온 외국인에 대한 배척과 난민에 대한 혐오의 양상은 조금 다른 것 같다.

우리는 지난 반세기 동안 전쟁의 공포에 시달려왔다. 이 정도의 경제 개발을 이루고도 이렇게 지긋지긋할 정도로 전쟁 위협에 시달리는 나라가 또 어디 있을까 싶다. 여전히 우리는 휴전 상태이니 엄밀히 말해 전쟁 중이다. 전쟁의 상흔과 그 상속된 비극은 이 땅에 널려 있다. 게다가 또 다른 전쟁광인 수구 보수 집단은 전가의 보도처럼 전쟁 위협을 들먹여왔다. 어쩌면 우리는 지난 70년간 준비된 피난민이었다.

이렇게 겨우겨우 전쟁을 피하며 살아왔는데, 비참한 난민의 처지를 보았을 때 우리 공포를 실체로 확인했으리라. 전쟁이라는 극단적 폭력 사태 앞에서 속수무책인 민간인이 얼마나 비참한 삶을 살게 되는지를 목도한 것이다. 그러니 난민에 대한 우리의 반응은 혐오가 아니라 공포다. 사실 예멘 난민은 타자가 아니라 무의식이 상상한 우리 자신의 몰락한 모습이다. 그러므로 그들을 보듬는 것은 우리 자신의 불안과 공포를 보듬는 일이다.

사실 이런 미사여구의 언설보다 내가 진짜 하고 싶은 말은, 그들의 처지가 불쌍하지 않은가 하는 것이다. 그들도 자기네 나라에서 그냥 우리처럼 평범하게 살던 사람들이다. 자신들의 힘으로는 어찌해볼 도리 없는 폭력과 살육의 현장을 피해 하루아침에 국제 '노숙자' 신세가 된 사람들이다. 그들의 처지를 생각해 그냥 좀 받아주면 안 되나? 춥고 배고프고 갈 곳 없는 사람들이다. 어린아이도 있고 임산부도 있다. 그들의 나라에 돌아갈 수 있을 때까지 먹고살 만한 우리나라 사람들이 좀 보살펴주면 안 되나? 난민에 대한 우리의 야박하고 매몰찬 태도는 어떤 말로도 정당화되지 않는다. 우리의 이러한 증상에 정나미가 떨어진다.

우리 안에 있는
선한 사마리아인

참 섬세하고 친절한 한 청년이 있었다. 여러 가지 시련과 불운이 겹치면서 힘겨움을 견딜 수 없다고 느꼈다. 그는 죽기로 작정했다. 휴대전화의 모든 흔적을 지우고, 소중하게 생각하는 주변 친구와 가족에게 미안하다는 말을 전했다. 한강 다리를 둘러보며 사전 답사도 마쳤다. 허무한 마음으로, 어쩌면 마지막이 될지 모를 담배를 피우러 역사 옆 흡연 구역에 들어갔다. 할아버지 노숙자가 다가와 돈을 달라고 했다. 그는 주머니 안에 꿍쳐둔 만 원을 만지작거리다 결국 주지 않았다. 이생의 마지막 술값이었기 때문이다. 할아버지는 몇몇 사람에게 손을 벌렸지만 모두 외면했다. 청년은 그 광경을 물끄러미 바라보고 있었다.

할아버지는 어쩌면 중동이나 동남아 국가에서 온 듯한 이국 청년에게도 다가갔다. 그러자 그 이국의 청년은 아마도 세상에서 가장 환한 미소를 지으며 주머니에 든 몇천 원을 꺼내 할아버지 손에 쥐여드렸다. 어깨를 토닥이며 서툰 한국 말로 인사도 건넸다. 청년은 순간 말할 수 없는 따뜻함과 부끄러움을 동시에 느꼈다. 할아버지에게 다가가 자신에게 남은 수중의 돈을 모두 꺼내 드리며 할아버지를 꼭 안았다. 청년은 다시 살아야겠다고 마음먹었다. 그리고 생각했다. '나도 낯선 이에게 따뜻한 친절과 위로를 베풀 수 있으면 좋겠다.'

《욕망이라는 이름의 전차》에서 블랑시는 말한다. "나는 언제나 낯선 이들의 친절에 의지해왔어요." 세상이 근대화되면서 공동체는 해체되고, 친밀한 관계는 감정적으로 불안하고 언제나 흔들릴 수 있다. 관계의 밀접도만큼이나 짜증의 빈도가 잦고 상처는 깊다. 가족 및 친구와 주고받는 상처로 지쳐갈 때 간혹 낯선 이들의 친절을 마주하면, 아직은 그래도 세상이 살 만하다고 자위한다. 낯선 이들의 친절에나 의지해서 살아가는 형편없는 세상이라 실망할 게 아니라, 그렇게라도 타인에게 의지해서 살아가야 할 세상이 되어버린 것을 인정해야겠다.

난민인지 외국인 노동자인지 모를 이국에서 온 까무잡잡한 피부의 그 선한 사마리아인은 한국의 한 청년의 삶을 구했다. 어쩌면 앞으로 그 청년이 살아가며 행할 수많은 선한 행위에 영향을 받을 또 다른 사람들은 결국 이국의 그 선한 사마리아인에게 빚을 진 것이다. 어쩌면 그 사람이 내 아이들일 수도, 다른 누군가의 귀한 자녀들일 수도 있다. 세상이 이렇게 연결되어 있다는 생각이 들면 모골이 송연해지며 부끄러운 손으로 옷깃을 만지작거린다. 차마 여미기도 조심스러워서다. 우리는 모두 이름 모를 수많은 사마리아인에게 진 부채로 삶을 유지해온 것이다.

'난민 혐오'에 대한 글을 쓴 적이 있다. (예상대로) 엄청난 비난을 받았다. 난민에 대한 각자의 불안과 혐오에 근거해 다양한 논리로 내 글에 반박했다. 하지만 그때나 지금이나 우리의 불안에 대한 내 생각은 똑같다. 그때 한 말을 한 번 더 반복한다. "난민은 타자가 아니라 무의식이 상상한 우리 자신의 몰락한 모습이다."

이 청년의 경험을 들으며, 우리의 불안과 두려움이 어쩌면 우리 자신에 대한 불친절함과 홀대에 잇대어 있지 않을까 하는 의심이 들었다. 자기 자신에게 친절한 사람이 과연 고통받는 타인을 홀대할 수 있을까? 자기 불안의 정도와 위기감이 클수록 타인에 대한 혐오도 크지 않을까? 사실 그래서 선한 사마리아인은 외부에서 우리를 찾아온다기보다 우리의 내면에 자리하여 밖으로 표출되길 기다리고 있는 것이다.

차별은
열등감의 표현

뉴질랜드에서 일할 때의 경험이다. 심리 치료실의 책임자가 되고 한두 해 지나서였다. 다른 지역 병원의 정신과 선임 의사에게 전화를 받았다. 자기네 병원에서 통원 치료를 받고 있는 한국인 환자 가족과의 면담에 참석해 도움을 달라는 부탁이었다. 치료 활동에 합류하기 전 의뢰하는 쪽에서 기본적인 상황을 설명해주었다. 사정을 듣고 보니 딱한 처지였다. 두 살 터울의 형제가 둘 다 중증 정신 질환을 앓고 있었다.

약속이 된 날 부모님과 담당 의사, 그리고 내가 동석을 했다. 내 역할은 통역을 하면서 의료 용어나 치료 상황에 대한 전문적인 설명을 해주는 것이었다. 그동안 통역을 하는 통역사가 참석했지만 전문 지식이 부족해서 소통에 문제가 있었기 때문이다.

하지만 그 미팅은 그리 유쾌하지 않았다. 환자의 아버지가 거의 대화를 하지 않았다. 묻는 말에 예, 아니오 정도로 아주 간단하게 응답할 뿐 상황에 대한 설명이 오고 가지 않는 것이었다. 통역을 의뢰한 의사는 물론이고 나 역시 마음이 불편해졌다. 한 30분가량 힘겹게 말을 이어나가다가 결국은 그 아버지가 나에게 이런 요지의 말을 했다. '사실 나는 기독교 목사다, 그런데 당신 손목을 보니 불교 신자들이 사용하는 단주短珠를 끼고 있다, 종교가 다른 당신한테 내 아이들에 관한 이야기를 하고 싶지 않다.'

나는 불교 신자가 아니며 팔찌는 단주가 아니라 액세서리라고 해명했다. 그러나 그 아버지는 내게 '당신 얼굴을 보니 당신은 불교 신자가 맞다'고 단언하며 더 이상 이야기하고 싶어 하지 않았다.

내담자가 싫다고 하니 그 상황은 종료해야 했다. 하지만 내 입장은 난감하기 짝이 없었다. 나의 불쾌감은 차치하고서라도 같이 간 의사에게 내 입으로 내가 거부당했다는 이 상황을 설명하는 것이 너무나 곤혹스러웠다. 하지만 어쨌건 나의 임무는 환자 가족과의 의사소통을 돕는 것이었으니까 그 목사의 말을 영어로 옮겨야 했다. 아, 그때 그 의사의 황당한 표정이라니. 그도 두말 않고 밖으로 나오면서 나에게 이렇게 말했다. "그럼 그 사람 나한테는 어떻게 치료를 받았지? 나는 무슬림인데…."

　　그런 생각을 하지 못했는데 그러고 보니 그는 까무잡잡한 피부의 중동 남자였다. 그리고 그가 한마디 더 붙이는 것이 걸작이다. "게다가 나는 동성애잔데…." 이러면서 킥킥거리고 웃는다. 그날 그 목사는 불교 신자(?)와 무슬림으로부터 왕따(?) 당한 거다.

　　그 의사의 익살스런 말투에 내 마음이 한결 누그러졌지만, 그때의 착잡한 느낌은 지금도 생생히 기억난다. 사실 외국에 살면서 서양인에게 받은 차별보다 같은 한국 사람들한테 받은 차별 경험이 더 많았다. 나는 10년 넘게 직장 생활을 하면서 동양인이라는 이유로 동료들에게 더 배려를 받았을 뿐, 한 번도 차별받아본 적이 없었다. 그런데 한국 사람들한테서 오히려 거부당하거나 무시받는 경험을 여러 차례 했다. 대체로 내가 기독교인이 아니라는 것이 주요한 이유였다.

　　맨 처음에 이런 경험을 했을 때 나는 이것이 단순히 종교적인 이유에 의한 차별이라고 생각했다. 일단은 종교 차별이 맞다. 그들이 그렇게 말한 것이니까 그들도 부정하지 못할 것 같다. 그런데 왜 그 목사는 무슬림 의사의 치료는 거부하지 않았을까? 사실 그 의사는 피부색만 조금 까무잡잡했을 뿐 이탈리아 사람이라고 해도 쉽게 수긍할 외모였다. 그리고 그는 태어나면서부터 영어를 사용했기에 중동 쪽의 억양이 전혀 없었다. 즉 목사의 눈에 그는 서양인이었다. 그래서 나는 이렇게 짐작한다. 이것은 종교 차별이기보다는 인종 차별에 더 가깝다고.

다른 경험을 하나 더 이야기하자. 중증 발달장애가 있는 한국인 아이의 치료 팀에 합류하게 되었으나, 시작도 못 해보았다. 그 아이의 어머니가 나를 보더니 나의 치료 참여를 거부했다. 독실한 기독교인인 한국 어머니의 결정이었다. 처음 만남에서 그 어떤 종교적 단어도 입에 올리지 않았지만, 내가 기독교인이 아닌 한국인이라는 이유였다. 하지만 그 아이의 치료에 참여했던 다른 서양인 간호사, 사회복지사, 물리치료사 중에는 심지어 힌두교도나 불교도도 있었다. 나중에 한 짓궂은 간호사가 자기는 힌두교도라고 말했는데도 그 어머니는 별 반응이 없었다고 한다.

같은 한국 사람에게서, 그것도 외국살이를 하면서 차별을 당한 경험은 다시 생각해도 좀 씁쓸하다. 이러한 차별이 단순히 종교에만 국한된 것이 아니라 한국 사람들에 대한 한국 사람들 스스로의 폐쇄성과 내적 열등감에서 기인하기 때문이다. 서양인에게는 종교나 피부색과 무관하게 관대하지만, 오히려 같은 동양인끼리 더 층하를 두고 같은 한국 사람이라서 더 배제하는 이것은 열등감의 외현이다.

나와 다른 믿음을 가진 당신, 또는 나와 다른 고향, 나와 다른 학교, 나와 다른 무엇무엇…. 우리는 사실 '우리'라는 말을 일인칭으로 쓰는 민족이지만, 여기서 '우리'가 얼마나 배타적인 구분인지 잘 모르고 쓴다. 나와 같은 무리 안에 들어와 있을 때만 우리이지, 그렇지 않으면 외국인보다 더 못하다.

나와는 다른 당신. 사실 우리는 다 다르다. 그런데 이 사실을 가지고 왜 차별을 하는가? 답은 이러하다. 우리가 차별하는 대상은 자기 안의 열등한 '나'이다. 그러므로 누군가를 차별할 때 사실은 못난 자기를 소외시키는 것이다.

'고향'이 지켜야 할
젊은이들

조금 잘난 척하자면, 요즘 가장 핫한 사회적 이슈인 지방 소도시 소멸에 대해 나는 한국으로 돌아온 2006년경부터 이미 심각성을 느꼈고, 공개적으로 발언할 기회가 있을 때마다 우려를 표했다.

최근 사회 각 분야에서 이 문제에 대해 고민하기 시작했다. 그런데 '사회 지도층'은 하나같이 미래의 인재를 교육을 통해 육성하겠다고 말한다. 인재를 육성하는 방법이 학교 교육에만 있는 것이 아님에도, 이들의 교육 만능주의는 한 치의 의심도 없어 보인다. 게다가 그 '인재'의 기준은 대체로 창의성이 가장 윗길에 놓는다. 창의적 인재의 육성이라…. 뛰어난 인재 한 사람이 10만 명을 먹여 살린다는 어느 기업의 모토와 어쩜 그리도 잘 부합하는지. 사실은 10만 명의 직원이 그 사람을 먹여 살리고 있는데 말이다.

지방 소도시의 소멸, 위협적으로 들리겠지만 엄연한 사실이다. 지방이 소멸하는 현실은 지방 인구의 초고령화와 빈집의 증가가 여실히 보여준다. 2020년 기준으로, 빈집은 150만 호가 넘었고, 65세 인구 20퍼센트 이상의 초고령화 지표를 나타내는 광역지자체가 네 군데나 되었다(전남, 전북, 경북, 강원). 15세 미만 인구 대비 65세 이상 인구 비율을 나타내는 노령화 지수는 2000년 35에서 2020년 140으로 높아졌다. 지방으로 유입되는 주요 인구인 이른바 귀농, 귀촌인들은 대개 중장년층이고, 시간이 지나면 결국 그들도 고령화 인구에 수를 더하게 된다. 설상가상으로 지방의 인구는 점점 줄어들고, 젊은 사람들 상당수는 고등학교만 졸업해도 고향을 떠나간다. 사라져가는 이 나라의 '고향'을 누가, 어떻게 지킬 수 있을까?

　　한국의 지방 소도시들이 소멸되는 현실을 살펴보기 위해 '교육' 문제를 검토해보자. 2019학년도 교육부 통계 자료 기준으로 약 3만 4천 명의 중고등학생이 학업을 중단했는데(2010학년도 학업 중단 청소년은 5만 6천 명이 넘었다. 지난 10년간 이 수치는 꾸준한 감소세를 보이고 있는데, 이는 학생 수 감소와 연관된 듯하다), 그중 학교 부적응 등의 이유로 학교를 완전히 떠나는 비율은 80퍼센트가 넘는다. 즉 매년 2만 5천 명 이상의 학생들이 학교와 인연을 끊고 있으며, 현재 한국 땅에는 적게 잡아도 약 7만~8만 명의 청소년들이 학교 밖에서 서성 거리고 있는 셈이다. 강원, 충청, 전라, 경상도의 학업 중단 고 등학생은 매년 약 8천 명 이상이다. 적어도 2만 명 이상의 고 등학생 연령 청소년들이 지금 지방 소도시 동네 어딘가를 떠 돌고 있다는 말이다.

필자는 장차 소멸할 위기에 처한 '고향'을 지킬 사람은 다름 아닌 이들일 거라고 생각한다. 몇 년 전 청소년 연구를 수행하기 위해 40여 개의 작은 읍·면 단위 학교를 찾아다닌 적이 있다. 그런 곳에서는 학교를 그만둔 청소년들이 읍내 번 화가 골목에 모여 담배를 피우며 시시덕거리는 모습을 여지 없이 볼 수 있었다. 선생님들의 말에 따르면, 이들은 기술도 없고 돈도 없고, 게다가 고향을 떠나는 것이 겁나서 도청 소 재지 도시로도 나가지 못하고 고향 땅에서 계속 뭉개고(?) 있 다. 어쨌거나 결국 이들이 고향을 지킬 것이다.

문제는 지방 소멸을 막아야 할 책임이 있는 사람들이 오 히려 이 현상을 가속화하고 있다는 점이다. 지방자치단체와 교육지원청은 온갖 예산을 끌어다 교실에 최신 기자재를 구 비하고, 방과후학교 프로그램을 만들어 과외에 가까운 보충 수업도 해준다. 그렇게 공부시켜서 성적 좋은 아이들, 이른

167

바 '창의 인재'가 될 만한 학생들은 고등학교만 졸업하면 다 어디로 가는가? 모두 서울로, 최소한 도청 소재지의 국립·사립 대학교에 입학하고, 그 대도시에서 밥벌이를 한다. 아직도 지방 소도시에서는 '축 ○○고 김아무개 명문 □□대 합격'이라고 쓴 플래카드가 걸리지만, 이들은 결코 고향에 돌아오지 않으며, 온다 해도 은퇴 후 낙향하는 정도다.

군부대가 많은 강원도의 경우, 군인과 그 가족을 빼고 순수 정착 주민만 치면 인구 3만이 채 되지 않는 군 단위 지자체가 여러 곳이다. 학교를 그만두었거나, 학교를 졸업하고 대학에 들어가지 못한 젊은이들은 인근의 골프장에서 골프공을 주워 술값을 벌고, 마구 들어서는 전원주택 건축 '노가다를 뛰면서' 근근이 삶을 유지한다. 그러나 이들이 그렇게라도 삶의 터전으로 삼아 지키는 그 고향의 지방자치단체장님들이며 유지 분들께서는 이들에게 눈길 한 번 주지 않는다. 그렇게 고향을 지키는 젊은이들이 부끄러운 것이다. 그러니 지방에서 멀리 떨어진 중앙에 계신 분들은 오죽하겠는가. 자꾸 창의 인재만 말하는 '사회 지도층'은, 이런 사정은 안중에도 없을뿐더러 진짜 교육이 뭔지 전혀 고민해본 적이 없는 사람들이다. 교육은 사람을 돌보는 일이다. 결국 고향이 이 젊은이들을 지켜야 고향도 지켜질 수 있다.

희망이라는 이름의
핑계

"서른넷, 청춘은 이미 끝났다." 공무원 시험에 네 번째 낙방한 한 청년이 소셜미디어 대문에 올린 글이다. 그는 서너 해 전부터 메일로 진로에 대한 고민을 상의해왔다. 길고 긴 그의 메일 내용은 언제나 지리멸렬했고, 고민의 힘듦이 만연체로 채워져 있었다.

이 생활을 이겨내고 언젠가는 세상에서 활개 치며 살고 싶다, 선생님이 내게 힘이 될 이야기를 해주면 좋겠다, 내 삶은 언제부터 이렇게 나락으로 떨어졌는지 모르겠지만 반드시 이겨내고 싶다는 사연이 주를 이루었다. 세 번째 낙방을 했을 때도, 그는 긴 메일을 보내왔다. 사람을 만나는 데 점점 자신감이 없어지고, 고시원 밖의 세상으로 나가면 무엇을 할 수 있을지 모르겠다는 생각에 불안감이 엄습한다고 했다. 하지만 그는 다시 한 번 시작해보겠다고 말했다. 나는 못마땅하여 그에게 쓴소리를 했다. 그렇게 삶을 유예하면서까지 정말 갖고 싶은 것이 무엇이냐고 물었다.

그의 대답은 놀라웠다. "고시원에서 보낸 지난 4년 동안의 삶은 내게 가장 안전한 시간이었고, 그 삶을 벗어나 무엇을 할 수 있을지 도무지 모르겠고, 이것은 '포기하지 않는 도전'이라는 명분 아래 저질러지는 내 비겁함"이라고 자백했다.

나는 그가 이 메일에서 최대한 솔직하게 자신을 바라보고 드러냈다는 생각이 들었다. 그것은 하나의 '힘'이 될 수도 있을 것 같았다. 나는 그에게 그 솔직함으로 얼마간이라도 버틸 수 있으면 좋겠다고 했다. 그러나 마음 한구석에서는 시험에 합격하는 일이 그가 진정으로 바라는 바는 아닐 것이라는 의심이 강하게 들었다. 그래서 합격하라는 말 대신 합격해보라고 말했다.

1년 뒤 그는 다시 시험에 불합격했고, 스스로 청춘의 종언을 선언했다. 나는 위로도 아니고 힐난도 아닌 문자를 보냈다. "청춘을 겪어본 적도 없는데, 언제 청춘이 끝났나요?" 그러자 그의 답은 이랬다. "내 청춘은 이미 고등학교 때, 오기도 전에 사라졌어요. 사실 지금껏 저는 그때 이후로 한 번도 자라지 않았던 것 같고요. 그래서 서른넷에 청춘이 끝났다기보다, 열일곱 살에 이미 끝난 청춘을 서른넷에 확인한 거죠."

고등학교 때 IMF를 겪은 그는 그 환난의 전형적인 피해자이기도 했다. 지금 한국의 30대 중후반에서 40대 초반은 IMF와 함께 청소년기를 보낸 세대다. 그들이 출산을 거부하는 이유에서부터 (나이답지 않게) 삶의 전망을 신경증적으로 불안해하는 데까지, 심리·정서적으로 이해하고 수용해야 할 이유는 많다.

그런데 이런 상황은 악용되기도 한다. 자본가와 기득권층 무리는 불안을 가장 효과적인 통치 전략으로 이용한다. 이런 젊은이들을 '실패를 예정한 삶의 예' 또는 '재정 부담을 양산할 비과세자 집단'으로 상정하고 다수의 삶을 위협할 수도 있는 손쉬운 증거로 활용한다. 온 나라가 나서서 십수 년째 청년 실업 해소를 외치는데, 정작 취업을 시켜줘야 할 기업들은 명퇴를 강요하고 정리해고를 쉴 새 없이 해대는 해괴한 상황이다. 기업으로부터 돈 받아먹고 비호하는 권력층이 있지 않고서 이런 난센스는 벌어질 수 없을 것이다. 생존을 걸고 취업에 매달리는 젊은이들이 이 무서운 구조를 어떻게 알아채지 못하겠는가? 대책을 세울 수 없는 이 무자비한 쳇바퀴에 갇혀버린 청춘들은 무기력하다.

먼저 이런 세상을 만든 나부터, 그리고 그들의 부모 세대가 머리 조아려 사과해야 할 일이다. 어떻게든 후속 세대가 더 즐겁게 살 수 있도록 세상을 바로잡을 책임은 앞선 세대에게 있다.

그럼에도 한 가지 부탁하고 싶은 것은 젊은이들이 이런 세상을 '거부'라도 해주었으면 하는 것이다. 입시, 취업, 자기계발, 승진, 고액 연봉, 노후 대책 등 기성 체제가 주입한 것을 거부하는 '무기력의 시위' 말이다. 사실은 하고 싶지 않으면서 어설프게 시늉을 하며 남들에게 자기 삶을 증명하려 하지 말고, 차라리 아무것도 하지 않고 가만히 있는 편이 더 나을 것이다. 언제까지? 뭔가를 하고 싶다는 생각이 들 때까지!

어떤 애도의
방식

뉴질랜드에 처음 도착한 유럽인이 원주민에게 '당신들은 누구냐'고 물었다. 그러자 뉴질랜드 원주민은 '마오리'Maori라고 대답했다. 그러자 유럽인은 뉴질랜드 원주민이 마오리라는 이름의 종족이라고 생각해서 그렇게 부르기 시작했다. 하지만 마오리라는 말은 '나는 사람'이라는 뜻이다. 그러니 뉴질랜드 원주민을 마오리'족'이라고 부르는 것은 실례다. 인간'족'이라고 부르는 셈이니 말이다. 오스트레일리아에 당도한 영국인이 벌판에 껑충껑충 뛰어다니는 동물을 보고 '저게 무엇이냐'고 묻자, 원주민인 아보리진이 '캥거루'라고 답했다. 그때부터 영국인은 그 동물의 이름이 캥거루인 줄 알고 그렇게 부르기 시작했다. 아보리진 말로 캥거루는 '나도 몰라'라는 뜻이다.

이들 마오리는 뉴질랜드 전역에 흩어져서 자신들만의

고유한 부족 이름을 가지고 산다. 그들 부족의 이름은 부족 조상이 멀리 남태평양에서 뉴질랜드로 이주해 올 때 타고 온 배의 이름에서 유래한다. 흡사 우리나라의 전주 이씨, 의령 남씨 같은 본관과 유사하다.

마오리에게는 부족마다 신성시하는 공간이 있는데, 바로 '마라에'Marae라는 부족 공회당이다. 그래서 마오리의 전통 인사를 나눌 때는 자신의 조상이 어느 배를 타고 왔고, 자신의 마라에는 어디에 있다는 것을 꼭 밝힌다. 마라에는 우리로 치면 사당과 마을회관을 합친 것 같은 기능을 한다. 전통을 지키려는 마오리 부족들은 마라에를 아주 신성한 공간으로 공경하는데, 외부인은 부족의 공식적인 환영 없이는 들어갈 수 없으며, 입장이 허락되어도 어떤 공간은 외부인이 앉으면 안 된다. 또 공식적으로 발언권을 얻으려면 투쿠투쿠라는 지팡이를 집어 들어야 한다.

이런 신성한 공간에서 부족 회의나 결혼식 같은 예식도 열리는데, 그중 가장 중요하게 치러지는 행사는 장례식이다. 장례식을 시작하기 위해서는 망자를 아는 사람들이 모두 모여야 한다. 망자의 시신을 가운데 놓고, 조객이 한 명씩 앞으로 나와서 망자가 살았을 때 자신과의 관계에서 있었던 일들을 이야기한다. 좋았던 일도 이야기하지만, 망자에게 화나고

섭섭했던 일도 다 이야기한다. 돈 빌려가서 왜 안 갚고 죽었느냐는 이야기도 나오고, 심지어 망자와의 부적절한 관계를 이야기하기도 한다. 하지만 거기에서 나온 이야기는 모두 면책이 된다. 무슨 말을 하건 마라에 장례식에서 나온 이야기를 꼬투리 잡아 문제 삼을 수 없다는 말이다. 그렇게 며칠이 걸리더라도 망자에 대한 각자의 그리움과 원망과 쌓아둔 이야기를 모두 쏟아내는 애도의 과정을 거친다. 그러지 않으면 망자의 혼이 남은 사람들의 원망에 묶여 제대로 떠나지 못한다고 믿기 때문이다. 결국 이들에게 애도란 마음속에 남아 있는 그 사람을 떠나보내는 경험이다.

문재인 대통령은 여러 공식 기념일 행사에서 우리가 하고 싶었던 말을 하고, 듣고 싶었던 사과를 하고, 위로하고 싶었던 사람들을 안아주었다. 어째서 아주 옛날에 제정일치의 통치 제도가 있었는지 설핏 가늠되기도 했다. 가장 강한 권력을 가진 사람이 해원해준다면 그보다 더 큰 위로는 없을 것 같다.

그럼에도 언제까지 1948년 제주 4·3, 1980년 광주, 2014년 세월호를 들먹일 거냐며 불편해하는 사람들이 있다. 제주 4·3, 광주 항쟁, 세월호, 그 외 수많은 억울한 희생에 대해 이야기하는 것을 지겨워하지 않았으면 한다. 우리는 아직 희생자와 열사, 무고히 학살된 양민에 대해 충분히 말하지 못했다. 더불어 남아 있는 자들의 이야기를 다 들어야 망자들의 해원도 가능할 것이다.

아직도 세월호 아이들을 떠올리면 가끔씩 눈물이 솟구치는 것을 보면, 나 역시 여전히 제대로 애도하지 못했다는 생각이 든다. 하고 싶은 말을 검열하고 금지하는 정치 권력이 다시는 이 땅에 발붙이지 못하기를 바란다. 우월한 위치에서 약자의 말을 흘려듣다 보면, 영국 침략자들이 원주민의 말을 자기 식대로 해석한 것처럼 웃지 못할 일들이 일어난다. 소외된 자들의 말을 제대로 듣고 올바르게 감응하는 사람들이 많아져야 한다.

4

오직 선량한 자가
저항한다

내면의 윤리,
그 아름다운 상식

나 자신의 개인 정신분석 작업이 8년째 접어들 무렵이었다. 혹독하다 할 만한 수련 과정도 마쳤고, 초보 분석가의 서툶에서도 벗어나 조금은 더 침착해진 시기였던 것 같다. 게다가 주 2~3회 이상의 분석을 오랫동안 받아왔으니 분석도 분석가도 아주 익숙해진 상태였다. 그날도 여느 때처럼 카우치에 깊숙이 몸을 숨기고 눈을 반쯤 뜬 채 연상에 따른 답과 질문을 주고받았다. 그런데 아주 잠깐, 3~4초 아니면 길어도 10초 정도 분석가가 손톱 옆에 삐져나온 손거스러미를 뜯고 있는 모습이 눈에 들어왔다. 분명 내 말에 귀를 기울었고, 문답에 불충실한 것도 아니었다. 하지만 분석가의 주의가 완전하게 내게만 집중되지 않은 순간이었다. 그때 내 머리를 스치는 생각은, '아, 이분이 지난 8년 동안 내게 온전히 집중하지 않은 적이 단 한 번도 없었구나'라는 것이었다. 흡사 깊은 산

중에 들어섰을 때 작은 새 한 마리의 지저귐이 숲이 얼마나 고요한 상태인지를 각성시키듯, 그녀의 작은 산만함이 그동안의 집중과 몰입을 깨닫게 했다.

나는 그때부터 겨우 '윤리'에 대해 눈을 뜨기 시작한 것 같다. 윤리란 도덕이나 준법정신과는 비견할 수 없이 고귀한, 어쩌면 인간의 삶에서 가장 상위에 있는 진리나 상식 같은 것이 아닐까 하는 생각을 했다. 단 한순간도 피분석가에게 주의와 집중을 흩트리지 않는 분석가의 윤리란 당연하고 상식적인 일이지만 또 얼마나 힘겨운 일인지 그때 알게 되었다.

정신분석가 또는 상담가에게는 엄수하도록 권장되는 윤리 강령이 있다. 그 분야의 전문가로서 지켜 마땅한 매뉴얼이다. 내담자 정보에 대한 철저한 비밀 유지, 내담자와의 성적 관계 금지, 상담료 이외의 어떤 이득도 취하지 않기 등 다양한 강령이 있다.

이렇게 분석가나 상담가에게 엄격한 윤리 강령이 마련되어 있는 것은, 내담자에게 그들은 권력자가 될 수 있기 때문이다. 때로는 그 위력이 어마어마해서 돈도 몸도 착취할 수 있다. 내담자는 자신이 착취당한다는 생각도 없이, 때로는 일시적이나마 기쁜 마음으로 희생당한다. 어떤 직업 종사자에게는 다른 누군가에게 사회적으로, 인간적으로 부당한 권력을 행사할 수 있기 때문에 윤리 강령이 마련된다. 윤리 강령은 그 권력을 비윤리적으로 사용하지 말자는 일종의 내적 규약이자, 경책이다.

하지만 아무리 세밀한 윤리 강령이 마련되어 있다 하더라도, 분석가 당사자의 생각과 마음까지 제어할 수는 없다. 윤리 강령이 필요한 시점은 윤리적 갈등 상황에서 그 지침을 찾아 기준을 확인하고자 할 때뿐이며, 대부분은 분석가 자신의 내면 윤리에 따라야 한다. 그렇다면 그 윤리의 핵심은 무엇일까? 오직 내 앞에 앉은 저 사람을 진심으로 존중하겠다는 의지다. 이것은 정신분석에서 변화의 가장 중요한 근원이 되곤 한다. 분석가도 인간이기에 흔히 자기중심주의에 빠지며, 내담자의 삶이 아니라 자신의 불안을 먼저 챙길 때도 많다. 그래서 정신분석에서조차 내담자가 온전히 존중받기란 쉽지 않다. 온전히 존중받은 경험은 한 인간의 자존감을 한껏 높여주고 삶을 다른 관점으로 바라보게 하기에, 이런 '윤리'에 대한 고민은 사실 '상식'에 대한 관심과 다르지 않다.

나는 종종 나 자신과 수련생들에게 이렇게 묻는다. '당신이 내담자라면 당신 자신 같은 분석가에게 분석을 받으러 가겠는가?' 분석가 자신이야말로 스스로가 얼마나 윤리적인 분석가인지 가장 잘 알 수 있다. 그 누구도 이 부분에 대해서는 알아낼 도리가 없다. 그러므로 분석가라는 권력자의 윤리는 철저하게 독립적이고 외롭다. 그렇기에 오염되고 무너지기도 쉽다.

사실 위의 질문은 나를, 수련생들을 좌절하게 만들 때가 있다. 그러면 나는 다시 묻는다. '이 질문은 지금 왜 나를, 그리고 당신을 좌절하게 하는가?' 우리는 거기에서 새롭게 시작해야 하기 때문이다.

당신은 당신 같은 선생에게 배우고 싶은가? 당신 같은 변호사에게 변론을 맡기고, 당신 같은 의사에게 몸을 맡기고, 당신 같은 부모 아래서 자라고 싶은가?

이 세상 가장 낮은 곳,
말로 표현되지 못하는 말들

야만을 견디는
사람들

뉴질랜드는 150여 인종이 넘는 이민자로 구성된 나라다. 그래서 나는 출신 국가와 문화권에 따른 다양한 습속과 전통이 인간을 어떻게 다른 모양으로 조각하는지 알 수 있었다. 하지만 그들 모두 고통 앞에서는 평등했다. 법 앞에 모든 국민이 평등하다는 거짓말은 동서양을 막론하고 너무나 고루하고 진부하지만, 고통은 재산과 지식의 많고 적음이나 지위고하를 가리지 않고 누구에게든 평등하게 가혹했다.

그럼에도 가족과 친구들이 눈앞에서 참혹히 도륙당하는 광경을 지켜본 난민의 고통은 좀 달랐다. 사고나 질병에 의한 죽음보다 야만에 의해 입은 정신적 충격은 인간 전체에 대한 증오로까지 번졌다.

이름도 생소한 아프리카 중부 내륙의 어느 국가에서 도망쳐 온 한 청년은 술이 없으면 잠을 잘 수가 없다고 했다. 반군을 찾는다며 무장한 정부군이 한밤중에 쳐들어와 청년의 형제와 친구들을 칼로 찌르고 성기를 자르며 조롱하고 모욕을 주던 광경을 도무지 지울 수 없었다. 천우신조로 목숨을 구해 도망친 그는 난민이라는 이름으로 고향에서 1만 킬로미터나 떨어진 나라에서 목숨을 부지하고 있다. 하지만 그의 정신은 날로 피폐해졌다.

폭력은 인간을 두려움에 떨게 하고, 야만은 인간의 정신을 무너뜨린다. 야만이란 특별한 이유 없이 유·무형의 수단으로 타인에게 모욕을 주고 신체를 훼손하거나 생명을 끊는 행위다. 특히 부당한 공권력과 제도의 폭력은 그 자체로 야만이며, 이런 야만은 세상 곳곳에서 너무 흔히 일어난다. 세월호도 야만에 의한 비극이다. 제도와 공권력의 태만, 직무 유기, 무능, 무사안일, 방관과 무책임에 의해 벌어진 참사이며, 그래서 야만이다.

아이들이 숨을 거두는 그 시간에 머리를 매만지고 있던 대통령, 위험이 코밑까지 닥쳤는데도 아이들을 버려두고 빠져나간 선원들, 살려달라고 창문을 두드리는 아이들이 배 안에 갇혀 있는 것을 알면서도 끝내 구조하지 않은 해경, 그 외에도 아이들을 구할 수 있었던 수많은 기회를 팽개쳐버린 여러 사람들. 무책임하게 자신들이 가진 권한과 방법을 내팽겨침으로써 304명의 생명을 앗아간 야만이 우리 눈앞에서 생중계되었다.

그 고통은 아직도 우리를 떠나지 않고 있다. 나는 세월호 참사를 맞닥뜨린 이후 한동안 밥을 먹다가도 눈물이 나고, 현관문을 열다가도 울음이 터지고, 자다가도 가슴이 너무 아파 꿈결에도 눈물이 흘렀다. 계통도 없이 울음이 터지고, 슬픈 감각이 느껴지기도 전에 눈물이 났다. 사라진 아이들이 내 마음속에서, 세월호에서 자꾸 되살아났다.

통째로 수장되고 무려 천 일이 넘어서야, 차디찬 바닷속에 누워 있던 세월호가 다시 모습을 드러냈다. 야만의 증거가 다시 우리 눈앞에 떠올랐다. 잔혹한 고통을 견디며 이 순간을 가장 기다려온 사람들은 미수습자 가족이었다. 미수습자 가족분들의 삶과 기다림은 지난 시간 동안 우리 마음에서 미수습된 채 대체로 기억에서 누락되었다. 잊지 않겠다고 그리도 광장과 거리에서 외쳤지만, 우리는 잊지 않겠다는 그 말만 잊지 않고 되뇌었을 따름이다. 정작 가장 아픈 사람들에 대해서는 그 말을 외치던 횟수만큼도 생각하지 않은 것 같다. 세월호가 인양되고 나서야 미수습자 가족들도 이제야 우리 눈앞에 인양된 것 같다. 여기에 그분들이 견딘 지난 시간을 단편적으로나마 기록하려 한다.

우리 마음속으로 가라앉은
세월호

세월호 참사가 일어나고 1년 정도가 지나면서부터 이상한 일들을 겪었다. 세월호 아이들이 나오는 꿈을 꾸거나, 배가 가라앉아 아이들이 죽어가는 악몽을 꾼다는 내담자들이 생겼다. 참사 직후에는 없었던 현상인데, 오히려 1년 정도가 지난 시점부터 이런 보고를 하기 시작했다.

심지어 세월호로 심리적 평안이 자주 흐트러지는 고통을 호소하며 찾아오는 내담자도 있었다. 어떤 이는 옷을 사거나 가구를 바꾸거나 사람들을 만나 맛있는 음식을 먹는 등의 일상적인 행위조차 죄책감과 부질없음 때문에 하지 못한다고 했다. 삶의 흥미를 잃었을 뿐 아니라 일상이 시들해졌다는 것이다. 어떤 이는 한 번도 의심해보지 못했던 자본주의적 삶과 소비 생활에 회의를 느낀다고 했다.

이들은 모두 세월호 희생자와 직접적인 인연이 없는 사람들이었다. 다른 대부분의 사람들처럼 텔레비전을 통해 참사를 지켜봤고, 유가족을 만난 적도 없다고 했다. 이런 내담자들뿐 아니라 내 주변의 지인들 중에서도 세월호 참사를 지켜본 고통에서 벗어나기 어렵다고 하는 사람이 많았다.

나는 '1년이라는 시간이 지났음에도 많은 사람이 왜 이 사건을 망각의 저장소로 이동시키지 못하는가'라는 의문이 들었다. 나 자신에게도 '왜 이 슬픔을 심리적으로 처리하지 못하고 여전히 영향받고 있는가' 물었다. 대답은 간단했다. 우리는 아직 세월호에 대해 제대로 애도한 적이 없다는 것이었다. 이런 참사를 생중계로 지켜보면서 아이들이 죽어나가는 모습을 속수무책으로 손놓고 바라봐야 했던 적은 지금껏 없었다. 한 번도 경험하지 못한 트라우마였다.

심리학은 내적·외적 충격이 인간의 정신에 미치는 영향에 대해 연구를 축적해왔다. 재난심리학이나 외상후스트레스장애PTSD에 관한 연구 등에 관한 국내외의 논문이나 저술은 셀 수 없이 많고, 웬만한 참사나 사건에 의한 심리적 장애에 대해서는 치료적 접근법이 다양하게 만들어져 있다. 그 규모에서 비견하기 어려운 대지진이나 홍수 같은 자연재해로부터 강도와 교통사고 등에 이르는 고통까지 내적·외적 충격에서 벗어날 수 있게 돕는 심리적 응급처치법도 잘 개발되어 있다.

하지만 세월호 참사는 전혀 새로운 충격이었다. 한 번도 경험하지 못한 외상에 대처할 기제가 어디에도 없었다. 세월호 참사가 일어났을 때 정신의학자와 심리치료사들이 대거 투입되었지만 그들조차 이 사건을 감당하기 어려웠고, 치료는 효과를 내지 못했다.

상담실이라는 작은 공간에서 감당하기에는 너무 커다란 사건이었고, 전문가라는 사람들은 수중에 아무것도 가진 것이 없었다. 무엇인가 해야 한다는 생각이 강하게 들었고, 새로운 고통에 대해서는 새로운 접근 방식이 필요할 것 같았다. 사람들은 애도하고 싶으나 그 첫걸음도 떼지 못하고 있었다. 그렇다면 지금 한국 사회의 집단적 무의식은 어떤 상태에 머물러 있는지를 먼저 알아야 했다. 그러고 나서 애도에 대해 말하자고 권유해야 할 것 같았다. 우리 마음속으로 가라앉은 세월호, 304명의 우주를 다시 우리 마음속에서 되찾아야 할 것 같았다.

글이나 말 같은 평면적 감각에 의존한 접근보다 입체적이고 생생한 형식이 더 적절하다고 여겨졌고, 그래서 다큐멘터리 영화를 만들어보기로 결심했다. 그제야 팽목항의 미수습자 가족들에게 눈길이 갔다. 자식의 유해나마 찾아 장례를 치른 부모들에 비해 그들의 감정은 아직 '미수습된' 상태였다. 그들의 고통을 가늠하기란 불가능했지만, 애도의 문턱조차 밟지 못한 그분들이야말로 그분들의 '미수습된' 마음에 대해 이야기를 하는 것이 가장 필요할 것 같았다. 팽목항의 미수습자 가족분들을 찾아뵙기 시작한 것은 그런 연유였다.

하지만 나는 그분들에게 한 번도 카메라를 들이대지 못했다. 방송국 기자들의 인터뷰와는 다르게 나는 그분들의 마음을 담고 싶었다. 그러나 찾아뵐수록 그분들을 촬영하는 것은 어려운 일이겠다는 생각을 했다. 미수습자 가족의 마음은 아직 '수습되지 않은' 슬픔이 너무 커서, 나는 어디에 카메라를 비추고 어떤 질문을 해야 할지 도대체 알 수 없었다. 그럼에도 여러 차례 그분들을 찾아갔고, 결국 한 인간으로서 예의를 지키고 아픔을 함께 나누어야겠다는 생각만 남았다.

수색 중단 이후
팽목항에서의 시간

눈이 펑펑 쏟아지던 2016년 2월의 어느 날, 2년 가까이 팽목항을 지키고 있는 은화 부모님과 다윤 부모님을 다시 만났다. 점심 때가 되어서 그분들을 모시고 중국음식점에 갔다. 새벽길 떠나 눈길을 헤치고 간 내가 그릇에 코를 박고 뜨거운 국물을 들이켜는 동안, 네 분 부모님은 혼자 한 그릇을 감당하지 못하고 부부가 나눠 드시거나 남기거나 했다. 잘 먹고 힘내서 아이를 만날 때까지 버텨야 한다고 말은 하지만, 마음에 슬픔이 꽉 들어차 짬뽕 한 그릇 다 먹기에도 버거운 듯했다. 어쩌면 그리움과 기다림에 지쳐 슬픔도 쉽게 비집고 들어오지 못하는 것 같다는 느낌이 들었다.

세월호에 남아 돌아오지 못한 미수습자 아홉 명과 함께 그 가족들은 팽목항을 떠나지 못하고 버텨왔다. 이 사회는 그분들을 미수습자 가족으로 명명했지만, 그들은 스스로를 '고립된 볼모'라고 이름 붙였다. 경기도의 한 중소 도시에서 그야말로 소시민으로 살아온 삶은 온데간데없고, 참사 이후 세상의 거대한 짐을 진 채 팽목항 그곳에 붙박여 있었다. 야만적인 국가 권력에 의해 고립된 채, 많은 사람들의 부채감과 슬픔을 투사하는 대상으로 전락해 시대의 고통을 받아내는 볼모로 견뎌왔다.

작은 컨테이너에서 그분들은 말도 안 되는 일을 흔히 겪어야 했다. 한번은 미수습자 가족분들의 컨테이너에 스스로를 목사라고 밝힌 사람이 찾아와서, 자신이 기도해줄 테니 숙소를 내달라고 했다. 가족분들이 여기에는 그런 공간이 없고 기도는 교회에서 해주시면 좋겠다고 말했다. 가족분들의 권유에도 그 목사라는 자는 아랑곳하지 않고, 기도를 해주겠다는데 왜 내치냐며 오히려 막무가내로 한참 핏대를 세웠다. 참다못한 주변 사람들이 싸울 기세로 달려들어 그를 내몰았다.

어떤 이들은 찾아와 하루 종일 버티고 앉아서, 자기가 얼마나 힘들게 살아왔는지 그리고 자기보다 더 큰 고통을 겪은 사람은 별로 없을 거라며, 미수습자 가족들이 털고 일어나야 한다고 훈계하기도 했다. 대기실 문을 열자마자 눈물을 흘리며 얼마나 힘드시냐는 둥 자식 잃은 슬픔이 얼마나 깊은지 짐작도 못하겠다는 둥 지레 자기 슬픔에 겨워 울며불며 떠들다 가는 사람들도 부지기수다.

막무가내로 자리를 내놓으라는 이상한 자칭 목사, 자기 힘든 삶을 하소연하러 오는 사람들, 어설프고 유치한 위로를 늘어놓는 사람들을 팽목항에 갈 때마다 보았다. 남쪽 어디에서 숙박업을 한다는 어떤 초로의 남자는 이 일이 남의 일 같지 않다며 너스레를 떨었다. 자기가 보기에 3년간 바닷속에 잠겨 있는 세월호에서 아이들을 찾는 것은 불가능한 일이라며, 미수습자 가족들 앞에서 못할 말을 한참 늘어놓았다. 그게 아이들 기다리는 부모들 앞에서 할 얘기냐며 은화 엄마가 항의하자 그 남자는 멋쩍어하며 자리를 떴다.

어떤 중년의 아주머니가 찾아와 이런저런 이야기를 도란도란 나누다, 몇 년 전 배 사고로 잃은 자기 딸 이야기를 하며 다윤 엄마를 꼭 안아주고 간 적이 있었다. 그나마 그런 위로는 도움이 되었다고 한다.

위협적인 바람이 밤낮없이 불고 거센 파도가 일렁이는 부두 위 작은 공간에 가족들을 몰아넣은 채 이기적인 사람들은 자기 슬픔을 해소하러 찾아온다. 미수습자 가족들은 그렇게 3년을 견뎠다.

하지만 또 한쪽에는 아름답다는 말 말고 달리 표현할 방법이 없는 연대의 손길도 있다. 팽목항 가족 숙소의 화장실은 너무 깨끗하고 반짝인다. 심지어 화장실 바닥에 앉아 쉬어도 불결하다는 생각이 들지 않을 정도로 잘 관리되어 있다. 매주 안산에서 자원 봉사자 여러 분이 정기적으로 내려와 쓸고 닦고 관리해준 덕분이다. 아무 말 없이 3년간 미수습자 가족분들을 지켜주신 이런 분들은 얼굴도 알리지 않고, 생색도 내지 않는다.

미수습자 가족의 일상은 어떠했을까? 해가 뜨면 가건물과 컨테이너에서 밤을 지낸 가족분들이 일어난다. 거센 바닷바람이 불고 굉음에 가까운 파도 소리가 들리며 공기 가득 짠내가 가득하다. 입구 정면에 있는 컨테이너 식당에서 주로 은화 부모님과 다윤 부모님 등 가족분들이 모여 아침 식사를 하며 다시 하루를 견딜 준비를 한다. 그날에 해야 하는 일은 함께 또는 각자가 알아서 처리하고, 서로서로 지나치며 눈빛을 교환하고 이야기를 주고받는다. 그러다 드문드문 외부에서 사람들이 찾아오고, 그 사람들과 앉아 음식을 먹고 차를 마시며 담소를 나누고, 시간이 지나 방문자들이 돌아가면 하루가 마감된다. 다시 수평선에 해가 사라질 때쯤, 가족분들은 저녁을 준비하고 식사를 하면서 이야기하다가 잠들기 전 누군가는 술을 한잔하고, 다른 누군가는 가건물로 된 숙소에서 시간을 갖고 잠자리에 든다.

밤이 되면 바람과 파도 소리가 더 선명하게 들린다. 그리고 또다시 해가 뜨면 가족분들은 어제와 똑같은 식사 준비와 그날 해야 할 일을 한다. 사람이 살지 않았던 바닷가 옆 작은 땅에서, 미수습자 가족분들은 지독한 기다림과 고통 속에 반복되는 일들을 거듭하고, 그리움과 미안함을 견디며 살았다. 반복되는 일상이라고 하지만, 팽목항이라는 낯선 공간에서 돌아오지 않는 가족을 기다리는 것이 어떤 일인지 짐작도 되지 않는다. 그 기다림과 매 순간의 안타까움이 얼마나 고통스러울지 가늠하는 것이 무례하게 느껴졌다.

유가족이 되어보는 것이
소원인 사람들

끝이 보이지 않는 반복되는 일상의 기다림만큼 미수습자 가족들을 힘들게 하는 것은, 희생자 가운데서도 소외되었다는 심적 고통이다. 다윤 부모님, 은화 부모님은 4·16세월호참사 가족협의회(이하 유가족협의회)로부터 소외되었다고 하는 것이 제 얼굴에 침 뱉기이며, 자칫 희생자들끼리의 분란을 드러내는 일이라 누구에게 하소연도 할 수 없다고 했다.

아홉 명의 미수습자 가족들이 유가족협의회 측과 겪은 이런저런 에피소드를 들려주셨지만, 그 이야기는 다 옮기지 않기로 한다. 미수습자 가족들이 가장 크게 분노한 부분은 4·16세월호참사 피해구제 및 지원 등을 위한 특별법(이하 세월호특별법)에 세월호 인양을 명문화해 넣지 않았다는 것이다. 세월호 인양과 미수습자 탐색에 대해 유가족협의회와 미수습자 가족들 간 의견 차이가 있었지만, 수적으로 소수인데다가 아직 아이들 장례도 치르지 못한 미수습자 가족분들의 바람은 우세한 의견이 될 수 없었다.

2014년 11월 11일, 정부는 겨울 날씨와 여러 제반 조건의 어려움을 이유로 들며 세월호 수색을 중단한다고 발표했다. 미수습자 가족들은 계속 수색을 원했지만, 당시의 분위기 때문에 어쩔 수 없이 수색이 중단되었다고 했다. 이때 이미 미수습자 가족들은 희생자 중에서도 소수자, 약자 중에서도 배제된 자로 철저히 몰려 있었다. 수색 중단을 억지로 받아들이면서 선체 인양을 무엇보다 우선해서 요구했고, 그것이 특별법에 명기되기를 원했다. 하지만 미수습자 가족들의 요구는 하나도 받아들여지지 않았다.

미수습자 가족들은 '세월호 참사 희생자·실종자·생존자 가족대책위원회'라는 명칭도 올바르게 표기해달라고 했다. '실종자' 대신 '미수습자'라는 명칭을 써달라고 요청했지만 이것도 묵살되었다. 아이들이 어디에 있는지 모르면 실종이 맞지만 세월호 어느 객실이나 짐칸에서 부모를 기다리는 아이들이 분명이 있고, 그 아이들을 아직 찾지 못했으니 실종이 아니라 미수습 상태라는 게 가족들의 입장이었다. 이런 상식이 왜 받아들여지지 않는지 가족들은 도무지 알 수 없었다. 같은 고통을 나눈다고 여겼던 사람들로부터 내쳐졌다는 느낌은 미수습자 가족들의 고통을 배가시켰다.

2017년 초 은화 어머님이 페이스북을 통해 미수습자 가족을 위한 후원금을 부탁하는 글을 올렸다. 유가족협의회로부터 재정적 지원을 거의 받지 못한 채 그동안 어렵게 버텨오셨다는 것이다. 미수습자 가족들은 유가족협의회와 많이 다른 길을 걸어오면서 마음에 쌓인 섭섭함이 컸던 것 같다. 하지만 인양 시기가 임박한 2017년 2월에 찾아뵈었을 때, 은화 부모님도 다윤 부모님도 자신들의 입장이 유가족협의회와 다르다는 사실이 알려지는 것에 대해 더 이상 망설이시지 않았다(이 내용을 글로 쓰는 것에 대해서도 동의하셨다).

가족들은 진상 규명을 위한 선체 조사에 앞서 먼저 아이들을 찾아달라고 울부짖고 있었다. 선체를 절단하건 구멍을 뚫건 다 좋은데, 그 어떤 조치라도 미수습자 수색에는 우선할 수 없다는 입장이었다.

무엇보다 미수습자 가족들의 가장 큰 고통은 자신들의 간절한 소망이 너무나 처절한 결과에 바탕한다는 것이다. 미수습자 가족들이 애타게 원하는 바람은 자신들이 '유가족'이 되게 해달라는 것이기 때문이다. 자식이 죽었다는 사실을 확인해야 완성되는 그 소망을 무어라고 말해야 하는가? 자식의 마지막이나마 볼 수 없다면 그들의 고통은 끝나지 않을 것이다. 마지막으로 한 번만 아이를 보고 싶다는 그 비통한 소망을 품고 그렇게 시간을 버티고 있었다.

그래서 미수습자 가족들은 선체가 인양되지 못하는 것에 대한 두려움보다 인양된 선체에서조차 아이들을 찾지 못하면 어쩌나 하는 더 큰 두려움을 지니고 있었다. 어떻게 이

분들의 아픔을 감히 가늠하거나 위로할 수 있겠는가.

제발 아이들을
찾아주세요

세월호가 인양되기 전, 한번은 은화 어머님이 아이들을 찾을
수 있다면 대통령 앞에 무릎이라도 꿇겠다고 말했다. 실제로
가족들은 해경이며 해양수산부를 수도 없이 방문했다. 선체
인양을 촉구하기 위해 해경의 고위 간부를 자주 만나다 보
니, 이제는 (농담조로) 오빠라고 부를 정도라고 했다. 하지만
미수습자 가족분들이 가장 외로워하는 이유는 시민단체, 변
호사, 유가족협의회로부터 자신들이 고립되었다는 데 있었
다. 물론 미수습자 가족들의 주관적 느낌일 수도 있다. 하지
만 아이들을 찾기 위해 무엇보다 선체 인양이 최우선임에도
그 말을 제대로 들어주지 않았다는 게 천추의 한으로 남은
것은 분명했다.

세월호가 인양되기 한 달 전쯤, 다윤 어머님은 4월이면
인양될 것 같으니 그때 날씨를 위해 기도해달라고 부탁했다.
아이들을 찾을 수만 있다면 대통령 앞에 무릎이라도 꿇겠다
고 하셨던 분들의 부탁이었다. 다행히 어렵고도 어렵게 세월
호가 인양되고, 목포신항에 거치되었다.

하지만 미수습자 가족들은 또 한 번 좌절한다. 새로 꾸려진 선체조사위원회에 미수습자 가족들이 추천한 1인이 받아들여지지 않았다. 배수가 되면서 유실품이 수십 점씩 함께 흘러나오는데 해양수산부는 대책 없이 우왕좌왕하고 있었다. 돼지 뼈 해프닝은 미수습자 가족들에게 또 얼마나 상처가 되었을까. 선체를 절단해서라도 가족을 하루빨리 찾고 싶은데, 진상 규명을 위해 선체 절단은 안 된다는 의견이 우세하다. 낯설고 생경한 목포항 구석에서 다시 컨테이너 생활을 하며 아이들을 찾기 위해 싸우고 있는 가족들은 매 순간 피가 마르고 뼈가 깎이는 절박함을 느끼고 있다.

왜 이런 일이 일어났는지를 다시 생각해보면 미로의 원점으로 되돌아가는 듯하다. 미수습자 아홉 명을 포함해 304명의 희생자가 왜 생겨야 했는지 아직 아무도 답을 하지 못한다.

말로 표현되지 못하는
말들

"억압된 것은 회귀한다." 이 말은 정신분석학 창시자 지그문트 프로이트의 유명한 명제다. 우리의 인식세계에 한 번 들어온 경험은 휘발되지 않는다. 다만 우리의 정신세계 어딘가에 저장된다. 그리고 이를 자극하는 인출 부호가 주어지면 논리적 사고 체계를 거치지 않고 여지없이 튀어나오게 된다. 권위적인 어른을 두려워하는 사람들의 마음을 분석하다 보면, 어린 시절 폭력적이고 권위적인 아버지나 할아버지로부터 정서적 또는 신체적 학대를 받은 경우가 많다. 수십 년 전 일이라도 마음에 저장된 그 기억은 감각적 자극이 주어지면 이내 반응한다. 성관계에 부정적이고 거부감을 드러내는 여성의 무의식에 어린 시절 성추행의 기억이 도사리고 있는 경우가 분석 과정에서 종종 발견되기도 한다. 알코올중독자 아버지가 너무 싫었음에도 결국 술고래 남성과 결혼하고 마는 여성의 심리적 동기는 술 취한 남자가 갖는 인상이 그 여성에게 너무나 낯익고 친숙하다는 데서 찾을 수 있다. 호불호를 떠나 우리의 무의식은 오래전 기억을 현재의 삶에서 계속 실현해간다. 억압된 기억은 무의식에서 잠자고 있다가 이를 연결하는 외부 자극을 만나면 깨어나 우리 삶을 지배한다.

세월호는 가라앉았다. 우리의 무의식으로 침몰했다. 하지만 제대로 애도하지 못한 그 비극은 때때로 의식적으로 자각하지 못한 자극에 의해 고통스럽게 깨어나 삶의 한 부분을 장악한다. 무기력, 우울, 분노, 두려움 같은 감정을 증폭시키기도 한다. 세월호 참사가 일어나고 1년이 지난 다음에야 정신분석가를 찾아오는 사람들의 심리적 기제가 그런 것이었다. 애써 외면하고 잊으려 했지만, 억압된 그 고통이 우리 마음속에서 잠자다가 다른 얼굴을 하고 나타나는 것이다.

애도란 부재의 현장을 확인하는 것이다. 아이들이 있어야 하는 자리에서 이제 더 이상 만날 수 없다는 사실을 마주해야 한다. 그러나 우리는 아이들이 왜 그 자리에 없을 수밖에 없는지 알지 못한다. 무엇보다 아직도 수습하지 못한 생명이 아홉 명이나 세월호에 남아 있다. 그러니 무엇을 애도하고 놓아주고 받아들이고 어떻게 마무리해야 할지 엄두조차 내지 못하는 것이다.

이 문제를 제대로 해결하지 못하면, 한국 사회는 적어도 수십 년간 집단적이고 장기적이며 원인을 모르는 심리적 왜곡에 시달릴지도 모른다. 그래서 3·10 촛불혁명이 너무나 반갑고 고맙다. 304명의 생명이 수백만 개의 촛불로 승화한 듯하다.

10여 년 전 유엔 산하 국제기구에서 최빈국의 가난한 사람들을 효과적으로 지원하기 위해 '가장 필요한 것이 무엇입니까?'라는 간단한 질문을 한 적이 있었다. 그들이 가장 필요하다고 답한 것은 식량, 씨앗, 맑은 물, 교육이 아니라, '우리의 말을 경청해달라'는 것이었다.

미수습자 가족들의 말에 귀를 기울이자. 유가족들의 이야기에도 귀를 기울이자. 또한 우리는 스스로를 억압하지 말고, 세월호에 대해 더 많이 말하고 더 많이 기억하고 더 많이 애도하면 좋겠다. 가장 훌륭한 정신분석가는 말로 표현되지 못하는 내담자의 말을 듣는 사람이며, 또 그 말을 내담자 스스로 언어화할 수 있도록 격려하는 사람이다. 한국 사회에서 아직 말로 표현되지 못하고 있는 말들을 듣고 싶다.

어떤 흔적도 찾지 못한 현철이에게 아버지의 말을 대신 들려주고 싶다.

"현철아, 네가 콩나물국밥을 그리도 좋아했다며? 아버지는 현철이 네가 떠난 날 이후로 한 번도 콩나물국밥을 먹지 못하셨대. 마지막 소원이 너하고 콩나물국밥 한 그릇 먹는 거래. 너 만나면 건강한 모습 보여주려고 매일 뛰어서 20킬로그램이나 살을 빼셨대. 나중에 아버지랑 같이 콩나물국밥 먹으러 자주 가, 손 꼭 잡고, 알았지?"

덧붙이는 말: 세월호가 목포신항에 인양된 뒤 흔적으로나마 가족의 품에 돌아올 수 있었던 조은화 학생, 허다윤 학생, 고창석 선생님, 이영숙 님, 그리고 아직 작은 흔적으로도 수습

되지 못한 채 기억으로 남은 남현철 학생, 박영인 학생, 양승진 선생님, 권재근 님, 권혁규 어린이, 모두에게 미안합니다.

내 행위의 대상이 나라도
그 일을 계속할 것인가?

뉴질랜드에 살 때의 일이다. 주민이 3천 명 남짓한 시골 마을에 살면서 차로 한 시간 반가량 걸리는 도시로 출퇴근을 했다. 히치하이커들의 천국이라는 뉴질랜드답게 시골길을 운전하다 보면 다양한 히치하이커들을 만난다. 그중 잊지 못할, 지금 다시 한 번 꼭 만나보고 싶은 사람이 있다.

퇴근길이었나, 가방 하나 없이 그저 허름한 평상복을 입은 남자를 태웠다. 한눈에도 선하고 평온한 표정에 마음이 끌렸다. 그날 나는 그를 집으로 데려와 저녁을 같이 먹고 더 긴 이야기를 나누게 되었다. 당시에 적어도 50대 중반쯤으로 보였으니 이제 일흔은 되었을 한 남자의 이야기다.

그는 미국의 한 주립대학에서 심리학 과장까지 지낸 심리학 교수였다. 어느 나라나 학문 분과를 막론하고 교수들이 가장 관심을 가지는 것은 연구 자금이다. 많은 연구 자금이 더 좋은 연구를 만든다고 믿기 때문이다. 그 역시 더 좋은 연구를 하기 위해 공모에 종종 응모했고, 어느 날 미 해병에서 지원하는 공모에 연구가 채택되었다. 지각심리학이 전공 분야였던 그는 풍부한 연구 자금으로 자신이 원하는 '순수' 연구를 했고, 결과물을 연구 자금 제공처인 미 해병에 제출했다. 간단히 말해 인간의 감각과 지각 작용에 대한 심리학 연구였다. 하지만 얼마 지나지 않아, 그의 연구가 미군이 생포한 포로나 정보를 토설하도록 해야 하는 민간인을 효과적으로 고문하는 데 참고 자료로 쓰였다는 것을 알게 되었다. 예를 들면 매를 열 대 때리더라도 몇 초 간격으로 때려야 한다거나, 또는 몇 대 때리고 얼마 뒤에 또 몇 대를 때리는 것이 고문의 효과를 극대화할 수 있는지를 심혈을 기울여 연구한 셈이 된 것이다.

그는 말로 표현할 수 없는 엄청난 충격에 빠졌고, 돌아보니 자신의 학문이 오히려 인간의 삶을 해롭게 했다는 생각이 들었다. 얼마 지나지 않아 교수직은 물론이고 이런저런 모든 사회적 직책을 사퇴했다. 결국 그가 지금껏 해온 학문적 행위들이 자신만을 이롭게 했다는 결론에 이르렀고, 재산을 모두 아내와 자녀에게 양도하고 외톨이에 완전한 빈털터리가 되어 뉴질랜드까지 흘러들었던 것이다.

그는 경제 활동을 일절 하지 않으며, 살생은 물론 가능한 모든 인위적 활동을 자제하며 살고 있었다. 자신의 행위가 누군가를 고통스럽게, 그것도 아주 효과적으로 고통스럽게 했다는 사실이 떠오르면 10여 년이 지난 지금까지 자다가도 깨어 벌떡 일어나게 된다고 했다. 그는 뉴질랜드의 시골 중에서도 깊은 숲속에 있는 불교 사찰에서 불목하니로 살고 있었다. 한두 번 그를 더 만났지만, 그는 다시 어디론가 가버렸고 나 역시 그를 찾을 엄두를 내지 않았다. 찾지 않는 것이 그를 위하는 일이라고 여겼다.

인간 공동체를 지키기 위해 진정 필요한 것 한 가지를 꼽으라면 나는 주저하지 않고 윤리를 든다. 법과 도덕은 사회를 지키는 데 필요하지만, 윤리는 인간 스스로를 지키는 데 필요하기 때문이다. 내가 이해하는 윤리의 기본은 단순하다. 내 행위의 대상이 나라 할지라도 그 일을 계속할 것인가. 즉 내가 고문받는 대상이 된다 할지라도 심리학자인 나는 고문을 위한 그 연구를 할 것인가, 내가 피의자라면 나 같은 검사나 경찰에게 조사받고 싶은가, 내가 내담자라면 나 같은 분석가에게 분석을 받고 싶은가.

지난 소위 '보수' 정권에서 국가정보원이 국민의 생각을 조작하기 위한 프로젝트를 수행하는 데 몇몇 심리학 교수들의 조언인지 자문인지를 받은 적이 있다. 의도했건 무지했건 국가정보원 자문 심리학자들은 자기 행위에 책임을 져야 한다. 그러나 그들 중 누가 자기 책임에 대해 고백했다는 말을 듣지 못했다. 그럴 만한 양심이 있었으면 그런 짓도 하지 않았으리라.

내가 만났던 그 미국인 전직 심리학 교수는 자신이 저지른 행위에 대한 죗값을 이렇게 말했다. "죽어 마땅하거늘⋯."

학벌 계급 또는
정신의 전근대성

몇 년 전 서울 서촌의 서점 림林에서 20대가 주축이 된 철학 세미나 팀이 한 달 동안 독서 프로그램을 운영했다. 다양한 주제로 세미나를 진행했는데, '학벌 사회'를 주제로 한 세미나에서 한 참석자가 인터넷 매체에서 읽은 이야기를 들려주었다.

어느 커플이 카페에 앉아 있는데 다른 커플이 와서 자리를 좀 비켜달라고 했다. 앉아 있던 커플이 왜 그러냐고 했더니, 자신들이 공부를 좀 해야 한다는 이유였다. 그러면서 자리 양보를 요구한 커플이 뭔가를 꺼내서 보여주었는데, 다름 아닌 서울대 학생증이었다. 다행인지(?) 앉아 있던 학생들도 마침 서울대생이어서 학생증을 보여줌으로써 자리를 요구한 그 서울대생을 퇴치(?)했다고 한다. 검색해보니 이와 비슷한 내용이 서울대 인터넷 커뮤니티에 올라 있었고, 유사한 경험을 했다는 댓글들도 우수수 달려 있었다.

자리 양보를 요구받은 학생들이 만약 서울대생이 아니었다면 어땠을까? 짐작건대 만약 대학을 가지 않고 자기 뜻이 있어서 고등학교를 졸업하고 바로 사회생활을 시작한 젊은이들은 이런 상황에서 콧방귀도 뀌지 않았을 것이다. 오히려 고등학교 성적이 서울대 입학을 노려볼 만했으나 결국은 서울대 입학의 꿈을 이루지 못한, 다른 명문대 학생들의 열패감이 더 심하지 않을까 싶다(물론 개인차가 있을 테고, 이런 일로 열패감 따위는 느끼지 않을 학생들이 훨씬 더 많을 것이라 짐작한다). 대학 자체가 서열이므로 그 정점에 오를 생각도 해보지 않은 사람들보다는 오르는 데 실패한 사람들이 이 상황에 더 민감할 것 같다는 말이다.

그런데 며칠 후, 오랫동안 알고 지낸 후배를 만나 더 놀라운 이야기를 듣게 되었다. 지금은 교육 사업을 하는 30대 후반의 그 후배에게 앞의 이야기를 들려주자, 후배는 난감한 표정을 지으며 자신이 20대에 직접 겪은 일을 이야기했다.

전시회에 입장하기 위해 줄을 서 있는데 뒷사람이 자꾸 부주의하게 가방으로 등을 치기에 후배는 정중히 조심해달라고 부탁했다. 그랬더니 갑자기 그 남자가 육두문자를 날리며 후배더러 '지질하게 공부도 못하게 생긴 게 어디서 까부느냐'고 마구 화를 냈다. 후배는 당혹스러워 당신이 얼마나 공부를 잘하기에 알지도 못하는 사람에게 그런 말을 하냐고 물었더니, '너 따위는 꿈도 못 꿀 명문 대학을 다니니 까불지 마'라는 대답이 돌아왔다. 그래서 어느 대학을 다니냐고 물었더니, 그 남자는 학생증을 꺼내고 싶어 움찔움찔하더니 급기야 어느 사립 명문대 학생증을 내밀었다. 우연인지 다행인지 모르겠지만 문제는 내 후배가 서울대 법대생이었다는 점이다. 후배는 조용히 자기 학생증을 내밀었다. 그러자 기세등등하던 남자는 태도가 돌변하여 고개를 굽신거리며 미안하다고 사과를 했다. 그 모습이 너무 비굴해 보여서 후배는 대꾸도 하지 않고 돌아섰다고 한다.

서울대에서 석박사를 마치고 몇 과목 강의를 한 또 다른 지인이 사석에서 만나본 서울대 학부생들의 계급의식에 대해 들려준 적이 있다. 수업 시간에는 가장 올바르며 윤리적인 의견을 앞세우는 학생들이 사석에서나 술자리에서는 타 대학 학생들을 2등 국민이나 서자 취급 하는 말을 내뱉고, 또 이에 동조하는 학생들이 적지 않다는 것이다.

서울대 학생증을 내밀며 자리 양보를 요구한 젊은이 이야기나, 후배가 들려준 사립 명문대생 이야기를 주변 사람들에게 말하면, 대부분은 어떻게 그런 일이 있을 수 있느냐고 반문한다. 하지만 이런 비유를 하면 금세 수긍한다. 조선 시대를 배경으로 한 사극을 보면, 성균관 유생들이 주막에 들어갔는데 자리가 없자 '당장 상것들은 자리를 비우라'고 요구하는 장면이 이따금 나오지 않느냐고.

학생증이 마패고, 대학이 깡패고, 학벌이 권력인 걸 보면, 세상은 크게 변하지 않았다. 음서제를 떠올리면 '금수저, 흙수저' 논란이 새롭지도 않다. 학벌 권력에 대한 그악스러움을 보면 우리 정신이 근대는커녕 조선 시대도 못 벗어난 게 아닌가 싶다. 아직도 신분 상승은 가문의 영광이다.

비폭력은 누구에게
요구해야 하나?

지난 '보수' 정권이 통치한 한국 사회에서는 공권력, 일종의 국가 폭력이 횡행했다. 그 공권력으로 국민이 죽어도 '병사'病死라고 했다. 수년이 지나고서야 국가 폭력에 의한 타살이라는 것이 밝혀졌지만, 이마저도 정권의 힘을 빌려 겨우 가능했다. 법을 집행하는 자들의 준법정신은 참으로 의심스럽다.

한국 사회에서 법의 주인은 누구일까? 아이러니하고 안타깝게도 법을 어기는 어떤 자들이다. 더 정확하게 말하자면 법을 어기고도 벌을 받지 않는 자들이 법의 주인으로 군림했다. 독재자, 권력자, 법 집행자들을 보면 자명하게 알 수 있는 일이다.

이 비열하고 추잡한 행위를 한 치의 의심도 없이 정상이라고 우기는 법 집행자들이 장악한 대한민국이 무섭다. 그런데 내가 더 무서운 것은 이른바 지식인, 조야의 정치인이다.

그들은 앞다투어 폭력이 나쁘다 말하고, 시민의 항거 행위에 폭력이 있어선 안 된다고 주장한다. 어떤 폭력도 없는 세상이 품위 있는 자기 모습과 잘 어울리기라도 하듯이. 민주 시민의식을 자기보다 더 갖춘 사람이 없다는 증거인 양. 그렇다면 왜 국가 폭력 및 공권력에 의한 폭력에 대해서는 그리도 관대한 것인가?

시위는 철저하게 비폭력적이어야 한다고 믿는 사람들에게 묻고 싶다. 시민의 폭력에는 이리도 엄격한 기준을 마련하고 그것을 지켜야 한다고 요구하면서, 왜 국가와 제도의 폭력에는 입을 다무는가? 우리의 '시민의식'은 도대체 어떤 검열을 거쳤기에 이렇게 고분고분하고 순응적인가? 비폭력 시위대를 무장으로 진압하는 폭력적 공권력에는 한마디도 하지 않으면서, 어째서 시민에게는 비폭력을 강요하는가? 비폭력에 대한 주장은 누구에게 이익인가?

국가란 무엇인가? 가장 거대한 권력으로서 시민의 외부 검열자이고, 우리 정신의 초자아다. 건강한 초자아는 욕구와 충동이 저지를 수 있는 반사회적 행위를 제어한다. 욕구대로 산다면 동물과 다름없다. 그러나 졸렬하고 과장되어 있으며 공포를 조장하는 초자아는 우리의 정신을 끊임없이 검열하고 자유를 과도하게 제약한다.

2013년경 '보수' 정권이 들어서고 얼마 되지 않아 몇 명의 방송 관계자와 식사를 한 적이 있다. 그중 한 사람이 정부를 비아냥거리는 농담을 불쑥 뱉고는 자기도 흠칫 놀라 주변을 살피며 "어이, 말조심해야지. 요즘 같은 세상에"라고 말했다. 그러자 옆에 있던 다른 방송국 동료도 "그래, 조심해야 돼"라고 호응을 했다. 내부 검열이 작동할 때 "사고하는 사람은 자신의 비판적 기능 또한 작동시키고 있다. 그는 떠오르는 생각들을 인지한 후 이러한 생각의 일부를 비판을 통해 거부하거나 즉시 중단시켜, 일단 시작된 사고의 흐름을 따르지 않는다."(프로이트, 『꿈의 해석』)

공권력이라는 이름으로 사람을 죽이고도 '병사'라고 조작하는 세상이 있었다. 모두 입을 닫고, 그전에 이미 사고 작용을 중단했다. 생각하기를 멈추고, 권력자들이 폭력은 나쁘다고 하니 "공산당이 싫어요"처럼 "폭력이 싫어요"를 외쳐야 한다고 믿었다. 비폭력은 옳은 것이다. 다만 폭력에 대한 엄정한 징벌이 국가 폭력을 향하지 않고 오히려 국가 폭력의 피해자들에게 향한다는 게 문제다.

법률, 경찰, 군대, 돈, 정보 등 일반 시민이 상상할 수조차 없을 정도로 국가 권력은 어마어마하다. 국가가 동원할 수 있는 폭력은 일반 시민이 감당할 수 없다. 국가 폭력은 물대포만이 아니다. 세월호의 사례에서 보듯, 정말 필요한 국가 기능이 제대로 작동하지 않는, 공권력의 태만 역시 끔찍한 국가 폭력이다.

그러므로 비폭력 주장은 부당한 국가 폭력을 향할 때 정당하다. 국가 권력을 장악한 뒤 스스로를 국가와 동일시하는 비열하고 간교한 권력자, 우리 정신을 억압하는 법 집행자를 향해 우리가 비폭력을 외칠 수 있다.

일본 극우주의의
유아기적 불안과 공포

처음으로 일본을 방문해서 며칠간 일본 음식을 먹어본 뒤, 희미하고도 미묘한 감각이나마 일본에 대한 어떤 느낌이 생겼다. 정치한 논리로 증명하거나 계량화해 학문적 검증을 받기 어려운, 지극히 주관적 느낌이어서 '감각'이라는 표현을 쓸 수밖에 없다. 하지만 이후에도 여러 번 일본의 여러 지방을 다녀보면서, 처음에 느꼈던 그 감각이 과히 틀리지 않았다고 생각했다. 그것은 일본 음식의 유아성乳兒性에 대한 것이다.

이제 막 유치가 나면서 부드러운 고형식을 씹을 수 있는 아이들은 간이 세지 않고 입에 감기는 순한 음식을 먹으면서 젖을 뗀다. 일본 음식이 물론 다 그런 것은 아니겠지만, 이른바 가정식 또는 평소 자주 먹는 음식 중 다수는 이유기離乳期의 유아에게 먹여도 무방할 만큼 질감이 부드럽고 간이 세지 않다. 한국이나 중국 등 동북아시아 사람들이 즐기는 매콤하고 화끈한 음식들과는 다르다. 어쨌건 문화가 한 사회의 정신을 드러내는 현상이라는 것에는 논란의 여지가 없으니, 일본의 음식을 이유식에 빗대어 생각하건대 일본 극우 정치가들의 정신이 이유기 유아의 상태에 머물러 있는 게 아닌지 모르겠다.

이유기 유아의 정신적 기제는 불안과 공포다. 그것은 무엇보다 분리에 잇대어 있다. 젖 떼기는 인간이 태어나서 겪어야 하는 두 번째 큰 충격인데(첫 번째는 탄생이다), 엄마의 젖은 아이의 생명을 가능하게 하는 유일한 영양 공급처라는 의미를 넘어 엄마와의 정신적 유대를 가능하게 한다. 아이가 엄마의 젖을 잃을지도 모른다는 불안감에 휩싸이면 공포감을 느낀다. 이 사실은 인류가 겪어온 모든 개인의 역사다. 그렇다면 유독 일본은 왜 이유기에서 벗어나지 못하는 걸까? 그것은 아마도 지진, 화산 폭발, 해일, 태풍 같은 천재지변을 지구에서 가장 상습적으로 겪어온 영향이 아닐까.

어느 문화권이건 감각을 표현할 때 신기할 정도로 어떤 보편성을 공유하고 있다. 가장 전형적이고 대표적인 예는, 많은 시와 노래가 유독 남자(아들)에게는 무엇을 '보았냐'고 묻고 여자(딸)에게는 무엇을 '들었냐'고 묻는다는 것이다. 그리고 동서고금을 막론하고 대지大地를 어머니, '마더 어스'Mother Earth로 부르고, 아버지를 '하늘'로 표현한다. 고대 서역의 어느 유적에서 나온 시에는 이런 구절이 있다. "천공天公은 내 삶을 보내주고 지모地母는 내 죽음을 거두니…."

일본인은 땅이 요동치고 집이 무너지며, 산이 불길과 연기를 내뿜고 용암이 마을을 덮치는 재앙을 수도 없이 겪었다. 그들은 하루 종일 텔레비전을 켜두곤 하는데, 재난 방송을 바로 보기 위해서라고 한다. 그들의 불안은 온에어 상태다.

격렬하게 흔들리며 갈라지는 대지(어머니)와 분리되는 불안을 상시적으로 경험하는 일본인은 분리 불안이 극심해지는 유아기의 공포와 유사한 트라우마를 겪는 듯하다. 우리가 흔히 칭송하는 일본인의 친절과 일사불란함도 사실 이런 불안에서 연유하는 게 아닐까.

문제는 이유기 유아의 불안과 비슷한 일본인의 불안과 공포가 끊임없이 인근 국가들의 영토를 넘보는 탐욕으로 이어졌다는 점이다. 그 피해는 한반도가 가장 많이 입었다. 망망대해 태평양으로 배를 몰고 나갈 수 없었을 테니 대륙의 안전한 대지를 찾아 수없이 상륙을 시도했다.

해방 이후에도 일본인은 끝없이 한국을 도발하고 잇속을 챙기는 데 그 교활함을 거침없이 드러냈다. 드라마 속 악인이나 깡패들은 자기들끼리의 의리나 약속은 잘 지키지만 집단 이익을 위해서는 사회적 규범을 쉽게 무시하곤 한다. 이는 도덕과 윤리가 아직 자리 잡지 못한, 즉 비문명화된 유아적 정신 상태이기에 가능하다. 일본 극우주의도 이와 별반 다르지 않다.

일본 자민당 정권은 위기 때마다 한국을 향해 싸움을 걸었다. 한반도 식민 지배를 반성하지 않고, 강제 징용과 '위안부' 전쟁 동원에 잘못이 없다고 발뺌을 하며, 독도 영유권 문제에 대해 말도 안 되는 생떼를 쓰고 있다. 한술 더 떠 반도체 핵심 부품을 금수 조치하고, 양국 간 교류를 금지하기도 했다. 이에 대해 한국 사회는 단발성 불매운동이 아니라 혐한 기업의 제품을 대상으로 지속적인 불매운동을 벌여 유효타를 날렸다.

그럼에도 김구 선생의 「나의 소원」을 다시 한 번 새기는 것이 의미가 있을 듯싶다. 김구 선생은 우리 민족이 일제의 식민 지배를 받았을지라도, 우리는 그들같이 힘으로 다른 나라를 침략해서는 안 된다고 간곡하게 말했다. 상대가 삿되고 부당하게 도발하더라도 우리는 정당하고 올바르게 대처할 수 있어야 한다. 그래야 우리 아이들에게 올바르게 살라고 말할 수 있지 않겠는가. 김구 선생이 소망한 나라는 성숙한 어른의 나라였다.

내가, 당신이
나라다

철학자 김상봉은 우리나라에 제대로 된 보수保守가 없는 이유를 지켜야 할 자아가 부재한 데서 찾았다. 그의 저서 『네가 나라다』에서 말한 내용을 조금 더 빌려온다. 그에 따르면 정치 영역에서 자아는 개인이 아니라 겨레(또는 국가)다. 그런데 이 나라에는 겨레도 민족도 국가도 없고, 오직 가족만 있었다. 정치계에는 박정희-박근혜, 경제계에는 이건희-이재용 일가가 있다. 북쪽에는 백두 혈통 운운하는 김일성-김정일-김정은 가계가 반세기 이상을 지배하고 있으니, 한반도는 남북 모두 국가(겨레)는 없었고 단지 가족만 있었다는 말이 타당해 보인다.

그런데 나의 경험에 근거하면 이 나라에 진정한 가족이 있었는지도 의심이 간다. 직업상 흔히 목격하는 가족의 모습을 정리해보면 몇 가지 특징을 발견할 수 있다. 먼저 어머니를 극복하지 못한 아들들이 있다. '당신에게 어머니는 무엇인가?'라는 질문에, 나이 서른도 훌쩍 넘은 남자들이 '큰집' 또는 '고향'으로 지칭하는 경우가 수두룩하다(자동적으로 아내는 '작은집'이 되거나 '타향'이 된다). 어머니에게 정서가 묶여 사는 남성은 삶에서 수동적이고 무책임하다. 이들은 자기 가정을 제대로 만들지 못한다. '어머니의 가족'을 벗어나는 것에 대한 죄책감이 무의식에 강하게 자리 잡고 있기 때문이다. 이런 남자들은 세상에서 자기 어머니가 제일 불쌍하다고 여긴다. 한국에서 이런 남자는 흔하다.

반대로 아버지를 극복하지 못한 딸은 '비판'이라는 정신 활동에 무능력한 경우가 많다. 아버지의 정치관, 세계관, 인생관을 답습하여 자기 삶의 기준으로 삼고 의심을 해본 적이 없다. 이런 여성은 아버지를 이상화하는 만큼, 남편을 지질한 인간으로 전락시키곤 한다. 세상에 자기 아버지 같은 남자가 없기 때문이다. 한국에서 이런 여성을 찾는 것도 어렵지 않다.

부모에게서 독립하지 못한 사람들이 만든 가족이라면, 그 가족은 허상이 될 공산이 크다. 다시 말해 우리는 가족을 가졌을지 몰라도 가족 관계는 가져본 적이 없는 것 같다. 가족이 구성원의 '역할'을 기반으로 한다면, 그 가족은 아주 약한 기반에 근거해 유지되는 것이다. 역할은 기능적인 것일 뿐 관계의 본질이 아니다. 아버지의 역할은 중요하지만 그 역할이 고정되어 있는 것은 아니다. 개개의 가정과 자녀들이 바라는 아버지의 상과 역할은 제각각이다. 아버지가 생각하는 아버지 역할과 자녀가 생각하는 아버지 역할도 상이하다. 역할은 서로 타협이 가능하고, 고정되어 불변하는 것도 아니다. 관계가 더 본질적인 것이고, 관계가 바람직하면 역할은 중요하지 않을 수도 있다. 그러므로 가족 관계는 그 역할에 서로를 구속하지 않고 서로를 온전한 개인으로 각자의 고유성으로 마주할 수 있어야 한다.

우리는 부모를 독립적 개인으로 만날 수 있는가? 만약 내 아버지나 어머니와 같은 성격을 가진 사람이 옆집 아저씨나 아줌마라도 그(녀)를 사랑하고 좋아할 수 있을지 생각하면 된다. 오롯이 그(녀)의 인간성과 품격, 공적·사적 행위에 근거해 그(녀)를 마주해보는 것이다.

노벨문학상 작가 헤르타 밀러는 나치 부역자였던 아버지가 죽자 "우환이 사라졌다"라고 말했다. 아버지에 대한 수치를 말할 수 있는 딸, 어머니의 집착을 허황하다고 말할 수 있는 아들이 되지 못한다면 그 가족은 허상일 따름이다. 그렇게 보면 우리에게는 겨레 또는 국가는커녕 진정한 가족도 없었다. 독립된 개인들이 애정을 기반으로 만든 연대의 형식이 가족의 모범이라고 한다면, 우리 사회에서 그런 가족 관계를 찾기란 아직 난망하다.

가족 관계가 동물적이고 맹목적인 사랑에 기반을 둔다면, 그 관계는 작은 이해관계 앞에서도 우습게 무너진다. 부모가 남긴 몇 푼의 유산 때문에 쉽게 싸우고 증오하는 형제자매들이 이를 잘 증명한다. 헤르타 뮐러 정도는 아니더라도, 우리는 가족 한 사람 한 사람의 존재를 충분히 인식하고 존중할 수 있는 기반에서 관계를 맺어야 한다.

정신분석가로서 나는 무정부주의자가 아닌 정신분석가를 상상할 수 없다. 정신분석가는 인간 정신의 검열과 억압에 맞서 평생 투쟁하는 사람들이므로 무정부주의자의 운명을 짊어진다. 그래서 나는 김상봉 선생의 '네가 나라다'라는 명제가 마음에 든다. 나라를 완성하기 위해 우리 한 사람 한 사람이 모이는 게 아니라, 개별적 존재가 각기 하나의 완성된 나라라는 뜻으로 읽히기 때문이다. 타인이 검열하고 억압하는 게 아니라 서로를 배려하고 관심을 가짐으로써 맺어지는 관계, 그에 기반을 둔 가족, 사회, 국가라면 우리는 각자 하나의 독립된 나라다.

평범한 일상을
살아갈 수 있다는 것

2016년 연말과 2017년 연초를 통과하는 겨울의 일상은 잃어버린 것이나 다름없었다. 광장의 추운 밤거리에서 성냥팔이 소녀처럼 촛불 하나에 의지해 나라를 구해보겠다고 오들오들 떨면서도 연말연시 모임에는 관심이 없었다. 반가운 사람들을 집회에서 만나고, 집회가 파하면 순댓국집에서 소주 한 잔으로 언 몸을 녹이고 허둥지둥 헤어지기 바빴다. 그래서인지 2017년 연말은 유난히 송년 모임이 많게 느껴졌다. 모임 참석자들도 2016년에 비해 연말 모임이 많은 것 같다고 했다. 그런 말을 하는 사람들의 얼굴에는 희미한 안도감이 서렸다. 나라를 걱정하지 않아도 되는, 그냥 살아갈 수 있는 날들과 그런 일상의 감각을 회복한 사람들의 표정이었다.

영화 《1987》에 대한 별 기대나 궁금증 없이 극장에 갔다. 1980년대 초반에 대학에 입학한 나는 영화가 담고 있을

법한 내용을 1987년을 전후한 몇 년 동안 실제로 징그러울 만큼 겪었기 때문이다. 시위를 하고 나면 동료 몇몇이 잡혀갔다는 소식에 치를 떨며 소주를 마시고, 술 힘을 빌려 밤새 대자보를 쓰고, 등사기로 유인물을 수백 장씩 밀고, 꽃병(화염병)을 만들고…. 또 시위를 하고, 사과탄이 눈앞에서 터져 파편에 얼굴 수십 군데가 째진 친구를 둘러업고 병원으로 뛰어갔다가, 실명은 하지 않게 되었다는 소식에 안도하며 돌아와 세미나를 하고, 또 소주를 마시고, 대구 민정당사 공격 텍(작전)을 짜고…. 수배가 떨어져 집에는 몇 달째 들어가지 못하는, 그런 일상을 몇 년 동안 살았기에 영화관에 들어설 때까지도 조금 심드렁했다.

영화가 시작하고 얼마 지나지 않아 심장이 두근두근하고 온몸이 바들바들 떨렸다. 그 후에는 손수건에 얼굴을 파묻고 소리 죽여 울었다. 그러다 박종철 아버지가 "아버지는 할 말이 없데이"라고 말하는 장면부터는 멍하니 넋을 잃고 그저 화면을 바라보았다. 어떤 감정도 생기지 않았다. 영화 후반부에서는 정말 최루탄 냄새가 나는 것처럼 느껴졌고, 이한열이 최루탄을 맞는 장면에서는 1987년 6월 어느 날 대구 동성로, 내 얼굴 바로 옆에서 폭발하던 최루탄이 감각되었고, 백골단의 쇠파이프에 두들겨 맞은 허벅지에 퍼지던 통각이 고스란히 느껴졌다. 머리채를 잡혀 끌려가던 여학우를 보면서도 몸을 피했던 비겁함, 이대로 질 수밖에 없을 거라던 끝 모르는 암담함이 먹구름처럼 다시 덮쳤다. 영화 엔딩, 이전에도 이후에도 듣지 못한 처참하면서도 아름다웠던, 열사들의 이름을 하나 하나 호명하던 문익환 목사님의 연설에서 내 몸은 완전히 무너졌다.

영화관 비상구 계단에서 손발을 떨며 얼마나 울었는지 모른다. 울면서 내 몸이 느끼는 것이 공포임을 깨달았다. 몸 곳곳에 숨어 있던 공포가 서늘한 칼날이 되어 온몸을 베고 다녔다. 30년 전 우리는 굳세어야 했고, 무너지지 말아야 했고, 안개 같은 최루탄 연기 속에서도 깃발을 놓치지 말아야 했고, 백골단에 겁먹지 말아야 했지만, 사실 나는 무서웠다. 나는 단지 스물몇 살의 청년이었고, 가난했기에 잘살고 싶었고, 수더분한 여학생과 연애하며 그냥 공부하고 놀고, 조금 슬프고 기쁘고 그렇게 살고 싶었던, 약간은 빛나고 때로는 지질한 젊은이였다. 그냥 평범한 일상을 살고 싶었다. 하지만 내 몸은 30년 전 제거하지 못한 불발탄 같은 공포의 포자를 아직도 품고 있었다. 이 영화가 그 뇌관을 터뜨려, 두려움과 분함으로 온몸을 떨며 울었던 것이다. 너무 서럽고 억울했다. 나 개인의 삶을 너무 과도하게 희생한 것은 아니었을까?

1960년 4·19, 1980년 5월의 광주, 1987년의 남영동과 길거리에서, 2015년 11월 광장의 물대포 속에서, 그냥 살아가야 할 너무나 많은 평범한 사람들의 삶이 희생당했다. 그리고 2016년 연말과 2017년 연초의 겨울, 거리의 민중은 다시 못 올 일상을 상실했다.

그러나 우리가 희생당한 삶과 잃어버린 일상이 우리에게 어떤 의미와 가치로 되돌아올지 아마 그날 그 자리에 있었던 사람들은 확신하고 있었으리라 생각한다. 정의를 위해 희생한 경험은 자부심과 긍지의 씨앗을 가슴속에 뿌렸다는 사실을 말이다. 내 안에서 터지던 공포와 두려움도 이제는 그날의 나에 대한 자부심으로 극복할 수 있었다. 우리는 세상의 정의를 실현한 사람이다.

삶의 주인으로
살기

경제 위기가 덮쳤던 2007~2008년, 대기업과 금융권뿐만 아니라 공기업까지도 구조 조정과 명예퇴직의 태풍이 불었다. 그 무렵 명예퇴직을 권고받은 한 50대 중반 남성의 상담을 의뢰받았다. 그는 대학을 졸업하고 한 직장에서만 30년 가까이 근무했다. 그는 그만둘 수 없다고 했다. 비록 퇴직을 권고받았지만 자신은 버텨야겠다고 했다. 아직 자녀들 대학도 안 마쳤고, 중간에 주식 투자를 잘못해서 한재산 날리는 바람에 모아놓은 돈도 없었다. 하지만 돈이 문제가 아니라, 너무 분해서 나갈 수 없다고 했다. 명예퇴직에 응하지 않았더니 아무 할 일도 없는 한직에 발령 내고는 그림자 취급을 한다. 자신이 쏟아부은 열정이 얼마인데, 어쨌건 이 회사에 자기의 정서적 지분이 조금이라도 있을 텐데, 이렇게 대접할 수 있나 싶어 버티고 있다고 했다.

상담이 진행되면서 그는 점점 비감해져갔다. 아내와도 소원해지고 아이들과 관계도 서먹해졌는데, 재산도 모아둔 게 별로 없었다. 직장에서마저 잘리고 나면 빈털터리일 뿐이라는 생각 때문에 버티고 있음을 자인했다. 세상에 나가는 것도 두렵다. 현직에 있을 때는 전화 한 통으로 해결되는 일들이 종종 있었고, 명함 내밀면 어디 가서 괄시는 안 받았다. 그런데 이제는 계급장 다 떼고 일개 '자연인'으로 살아야 한다는 게 겁이 난다. 상담이 계속 진행되면서 뭔가 모르게 마음 깊이 삭여지지 않는 분노가 느껴지는데, 그게 뭔지 잘 모르겠다고 했다.

지금이 아니라도 언젠가는 퇴직을 하게 될 터인데, 그러면 무엇을 하면서 살 것인지에 대해 이야기를 나누기도 했다. 단지 어떤 일을 해서 돈을 벌 것인지도 걱정이지만, 어떻게 남은 삶을 즐기며 살 것인지도 걱정이었다. 아직도 몸은 짱짱해서 적어도 10년은 더 일을 할 수 있을 것 같았고, 일거리 없이 빈둥대는 백수 노릇은 상상이 되지 않았다. '즐기는 삶'이라는 말은 더 생소하다. 즐기며 살기는커녕 멋 내려고 치장 한 번 해본 적 없고, 그저 사시사철 교복 같은 양복 입고 출퇴근하면 그만이었는데, '즐기는 삶'이란 참 낯선 말로 들린다고 했다.

그에게도 소년의 시절이 있었을 것이다. 물어보았다, 그저 열 살 남짓이나 좀 더 머리가 굵은 중학생 무렵에 꿈이 무엇이었느냐고. 곰곰이 생각하던 그는 '국어 선생님'이 되고 싶었다고 했다. 중학교 때 국어 선생님이 읽어주시던 '시'가 너무 좋고 멋있어서 시 쓰는 사람보다 시 읽어주는 사람, 그런 국어 선생님이 되고 싶었다. 하지만 사회에 나온 이후로 평생 시집 한 권 사본 적이 없었다.

그렇게 상담을 진행하는 동안 그는 과거와 미래를 오가며 현재를 살피고 있었다. 정해진 상담 회기가 두 번 남은 날, 그는 상담실에 들어와 앉자마자 말했다. "이 선생, 오늘 아침 눈뜨면서 문득 깨달았어요, 내가 왜 화가 나는지. 왜 내 인생을 지들이 결정합니까? 이건 내 인생인데!" 그는 자기 삶의 가장 중요한 결정권을 타인이 박탈했음을 깨달았다. 30년 넘게 깨어 있는 시간 대부분을 바친 직장을 계속 다니거나 그만둔다면 그것은 오롯이 자신의 결정이기를 원했던 것이다. 그런데 그는 자기 삶을 자기 뜻대로 하지 못하고 있음을 알았다. 깊고 진한 분노가 어디에서 비롯되었는지 깨닫자, 바로 회사에 사표를 내고 당장 수리하라고 요구했다. 그는 자기 삶을 스스로 결정했다. 앞으로 무엇을 하며 돈을 벌 것인지는 정하지 못했지만, 자기 삶을 즐기기 위해 필요한 한 가지는 알게 되었다. 자신이 주체가 되어 자기 삶을 결정하기. 그날 아침의 깨달음을 통해 명확히 알게 된 것이다.

　내게도 오랫동안 품어온 박탈감에 기반한 열등의식 같은 것이 있었다. 세상을 결정하는 사람들이 따로 있다는 것에 대한 분함과 무력함이었다. 세상의 법과 제도는 권력과 돈을 가진 사람들의 이해에 따라 조작되고, 내가 사는 세상을 저들이 결정하는 것을 보면서 울분을 삭인 적이 헤아릴 수 없었다. 부자들은 항상 더 좋은 자리를 선점했고, 권력을 가진 이들은 항상 자기들에게 유리한 정책을 만들어냈다. 그들은 재력과 권력을 자원 삼아 자식들을 미국 대학에 유학 보내고, 새파랗게 젊은 그 자식들은 긴 여름방학이면 개선장군처럼 돌아와 부모 돈으로 외제 차를 끌고 다니며 값비싼 호텔 레스토랑에서 끼리끼리 짝을 지어 '디너'를 먹고 그중 누군가의 가평이나 양평 별장에 가서 '파티'를 한다. 그들의 겉으로 뽐내기 위한 교양과 품위는 평범한 사람들을 배제하고 오직 그들 사이에서만 통용될 따름이다. 며느리 후보의 정숙함, 사돈 후보 집안의 재력과 사회적 지위를 심사할 때 여지없이 그들은 천박함을 드러냈다. 그런 그들이 권력을 독점하고, 그들의 자식들이 결국 권력과 재력을 승계하고, 나와 내자식들이 살아가는 이 세상을 결정한다는 것이 분하고 굴욕

스러웠다.

　내가 아는 한 욕망의 온도는 무지의 깊이와 다르지 않다. 그런 그들의 무지와 욕망이 내 삶을 결정하는 것을 수없이 경험하면서 무력감과 울분을 감당하기 힘들었다. 세상은 이제 권력과 재력의 대물림을 '금수저, 흙수저' 같은 말로 간단히 분류해버린다.

　그러나 2016년 겨울 이후 나는 한결 여유로워졌고, 그들이 가진 권력에 대해 더 이상 무력함을 느끼거나 분하지 않게 되었다. 2016년에서 2017년으로 넘어가는 겨울을 혁명으로 지새면서 이 세상을 결정하는 진정한 권력자는 시민이라는 점을 깨닫고, 확신할 수 있었다.

　1960년 4·19혁명, 1987년 6월 항쟁(1980년 5월 광주 항쟁), 2016~2017년 촛불혁명. 돌이켜보니 세상은 우리가 결정하고 있었다. 약 30년을 주기로 한 세대도 거르지 않고 이 세상을 결정하고 책임지는 이들은 바로 평범한 시민이었다. 내 아버지가 이승만을 몰아냈고, 내가 전두환을 쫓아냈고, 내 아이들이 박근혜를 파면했다. 그래, 소소한 것은 그들이 결정해라. 중요한 것은 우리가 결정한다. 스스로 결정하고 책임지는 자가 삶의 주인이다.